Barbara Brüning

beobachten, fragen, denken

Spiele zum Philosophieren mit Kindern von 5 bis 12 Jahren

MILITZKE

Inhaltsverzeichnis

Vorwort

Philosophieren heißt, mit Anderen gemeinsam über wichtige Lebensprobleme wie Glück oder Gerechtigkeit nachzudenken und Gespräche zu führen. Aber auch andere Medien wie Zeichnungen oder Spiele tragen dazu bei, philosophische Gedanken zu entwickeln und zusammen mit Anderen zu erproben. Spiele haben darüber hinaus einen Handlungsbezug und üben praktische Verhaltensweisen ein, die im Alltag helfen können, verschiedene Probleme zu bewältigen. Und ganz wichtig: Natürlich sollen die Spiele auch viel Spaß machen!

Als Einführung in unsere Spielsammlung stellen wir Ihnen Grundmethoden des Philosophierens vor, nach denen sich auch die Kapitel dieses Buches gliedern: Wir beginnen mit Wahrnehmen und Beobachten, der Grundlage für ein Erkennen von Gegenständen, Personen und Situationen. Danach folgt das begriffliche Arbeiten; es soll Kindern helfen herauszufinden, was sich hinter abstrakten philosophischen Begriffen verbirgt.

Das Argumentieren ermöglicht, eigene Gedanken zu begründen, während das sokratische Gespräch den Austausch von Meinungen und Argumenten zu einer philosophischen Frage in den Mittelpunkt stellt. Die letzte Methode bezieht sich auf die Entwicklung philosophischer Fantasie. Durch Gedankenexperimente sollen Ideen erprobt werden, die es in Wirklichkeit (noch) gar nicht gibt.

Im Anschluss an die Grundmethoden folgen verschiedene Spieltypen. Jedes Spiel hat eine Überschrift und wird in seiner Struktur erklärt; manchmal gibt es auch zusätzliche Varianten. Nach jedem Spiel folgt eine kurze Erläuterung seiner didaktischen Funktion für den (Ethik- oder Philosophie-) Unterricht. Sie soll die Entscheidung erleichtern, bei welchen Themen das jeweilige Spiel zum Einsatz kommen kann. Es steht Ihnen natürlich frei, unsere Spiele zu modifizieren und auf bestimmte Lerngruppen „zuzuschneiden“.

Wir haben Spiele zum Wahrnehmen und Beobachten in den Mittelpunkt gestellt, da sie über den Ethik- und Philosophieunterricht hinaus in allen Fächern der Primarstufe eingesetzt werden können. Darüber hinaus sensibilisieren sie die Kinder, mit offenen Augen die Welt zu betrachten.

Die Begriffe „Philosophie“ bzw. „philosophisch“ umfassen auch die Begriffe „Ethik“ bzw. „ethisch“ - deshalb differenzieren wir in den Erklärungen zu den Spielen nicht zwischen Philosophie und Ethik.

Wir wünschen Ihnen viele gute Spieleinfälle. Denken Sie daran, dass philosophische Spiele nicht nur das Nachdenken von Kindern entwickeln, sondern auch das soziale Lernen: Teamgeist, Reaktionsvermögen, Kooperationsbereitschaft und Durchsetzungsvermögen sind nur einige Aspekte, die zusätzlich zum philosophischen Problemlösen gestärkt werden.

Unsere Spiele haben einen unterschiedlichen Schwierigkeitsgrad und können deshalb auf die jeweiligen Lerngruppen „zugeschnitten“ werden. Sie können in der Schule gespielt werden, aber auch in Freizeitgruppen. Bei einigen Spielen haben wir ergänzt, dass sie erst ab 10 Jahren gespielt werden sollten.

1. Einführung: Spielen und philosophieren

1.1 Wahrnehmen und beobachten

Die phänomenologische Methode hat das Ziel, die Beobachtungs- und Wahrnehmungsfähigkeit zu schärfen. Die Kinder sollen lernen, differenziert und umfassend einen Gegenstand, eine Person, eine Situation oder ein Problem möglichst „neutral" zu beschreiben. Im Vordergrund steht dabei alles das, was ich selbst wahrnehme und beobachte. Darüber hinaus geht es auch darum, Merkmale zu benennen, die zum Staunen anregen (Was kommt mir an einer Sache merkwürdig oder ungewöhnlich vor?).

Die im ersten Kapitel vorgestellten Wahrnehmungsspiele dienen dazu, die Welt schärfer in den Blick zu nehmen und wundersame Eigenschaften von Dingen und Personen zu entdecken. Sie eignen sich insbesondere für die Vorschule und die Klassen 1 und 2.

1.2 Begriffliches Arbeiten

Beim Philosophieren ist es wichtig, darauf zu achten, dass philosophische Begriffe wie *gerecht* oder *glücklich* nicht „einfach so" verwendet werden, wobei jeder etwas Anderes darunter versteht.

Zur Klärung schwieriger Begriffe dient deshalb die *Methode des begrifflichen Arbeitens*. Sie sollte ein fester Bestandteil des gemeinsamen Philosophierens sein. Begriffe wie *Glück* oder *Gerechtigkeit* verfügen nicht nur über eine einzige feststehende, ewig gültige Bedeutung, sondern über mehrere Bedeutungen. Deshalb muss eine Diskussionsgruppe im Laufe eines Gesprächs festlegen, was sie unter bestimmten Begriffen verstehen will bzw.

wie diese im Laufe der Diskussion verwendet werden sollen. Dies klingt schwierig, bedeutet indessen in der Praxis vor allem, dass Schülerinnen und Schüler lernen, beim Philosophieren auf die Wahl ihrer Begriffe zu achten. Dafür gibt es verschiedene Methoden.

Ein einfaches Verfahren zur Klärung eines Begriffes ist die *Wortfelduntersuchung*. Die Kinder suchen selbständig nach Begriffen (Substantiven, Adjektiven und Verben), die ihnen spontan zum Begriff der Freundschaft einfallen: Zum Wortfeld von *Freundschaft* gehören beispielsweise die Ausdrücke „zusammen spielen“, „sich Geheimnisse erzählen“, „die Freizeit miteinander verbringen“, „immer Zeit füreinander haben“, „auf gleicher Wellenlänge schwimmen“, „sich gut verstehen“. Dieses erarbeitete Wortfeld gibt Aufschluss über die Vielfalt der Beziehungen, die ein zu klärender Begriff mit anderen Begriffen hat, und zeigt dadurch die gesamte Breite des Bedeutungshorizonts.

Aus einem Wortfeld können dann in einem zweiten Schritt *Modellfälle* herausgesucht werden. Modellfälle sind Merkmale, die ein Begriff unbedingt haben muss, damit wir das Wesen eines Dinges, das er bezeichnet, auch erkennen. So lassen sich zu einem philosophischen Begriff wie *Freundschaft* verwandte Begriffe suchen, die Bedeutungsähnlichkeiten aufweisen. Solche verwandten Begriffe sind z. B. Ausdrücke wie „auf gleicher Wellenlänge schwimmen, Vertrauen schenken, einander helfen“ oder „Geheimnisse anvertrauen“. Sie sind als wesentliche Eigenschaften des Begriffes *Freundschaft* gleichberechtigt. Es wäre jedoch auch möglich zu versuchen, sich auf eine wesentliche Eigenschaft der Freundschaft zu beschränken. So könnten wir *Freundschaft* lediglich als „auf gleicher Wellenlänge schwimmen“ definieren und uns auf dieses eine charakteristische Merkmal beschränken.

Die im zweiten Kapitel vorgestellten Spiele zielen auf einen spielerischen Umgang mit Begriffen – mit dem Ziel herauszuarbeiten, was sie bedeuten. Diese Spiele können in den Klassen 1–6 sowie auch teilweise in der Vorschule gespielt werden.

1.3 Argumentieren

Wenn jemand beim Philosophieren die Meinung vertritt, dass jeder Mensch Freunde braucht, dann soll er auch sagen, *warum* er diese Meinung (und keine andere) für richtig hält.

Das Begründen von Meinungen ist ein wichtiges methodisches Verfahren des Philosophierens. Jede geäußerte Meinung sollte durch mindestens einen Grund gerechtfertigt werden, durch den sie in sich schlüssig erscheint. Die Gründe, mit denen eine Meinung gestützt werden kann, können vielfältig sein.

Die einfachste Möglichkeit des philosophischen Argumentierens ist die Bezugnahme auf *empirische Gründe*. Diese umfassen Tatsacheninformationen, die gegebenenfalls nachgeprüft werden können: Ich bin glücklich, weil ich meinen verlorenen Schlüssel wieder gefunden habe (Jeder kann nachprüfen, ob das auch stimmt). Empirische Gründe dienen dazu, die Angemessenheit von einzelnen Handlungen auf der *Grundlage von Fakten* zu erklären.

Einen größeren Schwierigkeitsgrad hinsichtlich des Abstraktionsvermögens von Jugendlichen weisen *nichtempirische Gründe* auf. Sie sind begriffliche Konstruktionen, die nicht an Fakten überprüft werden können. Nichtempirische Gründe dienen dazu, das Verständnis einer Handlung bzw. eines Urteils zu „verbessern" und zu erklären, warum jemand eine bestimmte Meinung oder Haltung vertritt: Freunde dürfen sich nicht belügen, „weil man sich sonst nicht auf den Anderen verlassen kann". Der Grund „weil man sich sonst nicht auf den Anderen verlassen kann" lässt sich nicht anhand von Fakten nachprüfen, d. h., wir sehen oder hören nicht, ob man sich auf jemanden verlassen kann oder nicht. Darüber müssen Erfahrungen ausgetauscht werden: Was würde passieren, wenn Freunde sich belügen würden? Woran merkt jemand, ob er sich auf seinen Freund oder seine Freundin verlassen kann?

Die Überzeugungskraft eines Grundes hängt davon ab, wie plausibel (einleuchtend) er formuliert wurde. Gegebenenfalls müssen weitere Gründe angeführt werden, damit die zu einem Thema oder Problem geäußerte Meinung und der sie stützende Grund überzeugen können.

Das Schema einer einfachen Argumentation lautet:

Meinung ➡	Grund
Freunde dürfen sich nicht belügen,	1. weil man sich sonst nicht auf sie verlassen kann. 2. weil man dann nicht mehr weiß, was wahr ist.

Die im dritten Kapitel präsentierten Spiele unterstützen die Suche nach Gründen und sollen Schülerinnen und Schüler anregen, mehr als nur einen Grund für ihre Meinung zu finden. Einige Spiele schärfen auch die Fähigkeit, sich bei schwierigen Problemen zu einigen, d. h., eine von allen Kindern akzeptierte Lösung zu finden.

1.4 Sokratische Gespräche führen

Ein sokratisches Gespräch unterscheidet sich von anderen Gesprächsformen dadurch, dass in ihm ein ethisch-philosophischer Gegenstand diskutiert wird, beispielsweise Freundschaft, Glück oder die Bedeutung von Regeln.

Die Methode eines sokratischen Gesprächs stammt von dem griechischen Philosophen Sokrates (470–399 v. Chr.), der auf dem Marktplatz von Athen mit den Bürgerinnen und Bürgern über sie interessierende Probleme philosophiert hat. Sokrates hat darüber kein schriftliches Werk hinterlassen. Sein Schüler Platon (427–347 v. Chr.) machte ihn jedoch zur Hauptperson seiner philosophischen Dialoge, so dass die Methode des Sokrates in der Überlieferung Platons erkennbar wird.

Sokrates kreiste durch das Verfahren der Begriffsanalyse (vgl. Kapitel 2) einen bestimmten Begriff oder ein Thema mit seinen Schülern ein, indem sie gemeinsam über verschiedene Bedeutungen des Begriffes nachdachten und für ihre Meinungen Argumente anführten. Dabei war Sokrates stets dominant, d. h., er hat seine Schüler geführt und ihnen durch seine Art des konsequenten Nachfragens „Geburtshilfe“ für ihre eigenen Ideen geleistet. Deshalb nennt man seine Methode auch Mäeutik (Hebammenkunst). Die Mutter des Sokrates war Hebamme, und er holte in der übertragenen Bedeutung des Wortes sozusagen die Ideen seiner Schüler auf die Welt.

Die heutige Form der sokratischen Gespräche hat vom historischen Sokrates insbesondere die Bedeutung des Selbstdenkens übernommen. Wenn Kinder philosophieren, dann sollten sie ihre eigenen Ideen zu einem philosophischen Thema oder Problem entwickeln. Lehrerinnen und Lehrer sollten ihnen dabei Hilfestellung geben, indem sie nachfragen, Begriffe klären lassen oder die Kinder ermuntern, Gründe für ihre Meinungen anzuführen.

Ein sokratisches Gespräch kann in drei Phasen unterteilt werden.

1. Phase: **Vorbereitungsphase**

- ➥ Welches philosophische Problem soll geklärt werden? Grundlage dafür können die Frage eines Kindes, eine Geschichte, ein Märchen oder ein Bild etc. sein
- ➥ Aufstellen von Gesprächsregeln, die während des gesamten Gesprächs beachtet werden sollen, z. B.: Wir lassen einander ausreden; wir hören zu, wenn jemand seine Meinung sagt; wir begründen unsere Meinung etc.

2. Phase: **Das philosophische Gespräch**

- ➥ Gemeinsame Diskussion des philosophischen Problems in der Lerngruppe
- ➥ Gesprächsleitung durch die Lehrerin/den Lehrer oder eventuell auch durch einen Schüler oder eine Schülerin, wenn die Kinder schon eine gewisse Übung im Philosophieren haben
- ➥ Begriffsklärung und Argumentation
- ➥ Formulierung einer vorläufigen Antwort: Entweder alle Teilnehmerinnen und Teilnehmer stimmen der gefundenen Lösung zu (Konsens) oder mehrere begründete Meinungen bleiben nebeneinander stehen (Dissens)

- Zusammenfassung des Gesprächsergebnisses durch den Gesprächsleiter oder die Gesprächsleiterin

3. Phase: Metagespräch
Diese Phase kann während des philosophischen Gesprächs als Unterbrechung des Denkprozesses oder im Anschluss an das philosophische Gespräch stattfinden.

- Verständigung über zwischenmenschliche Probleme und Ursachen von Kommunikationsstörungen: Warum hat Peter Ilona immer unterbrochen? Warum habt ihr die Gesprächsregeln, die wir vorher gemeinsam festgelegt haben, nicht eingehalten?
- Können und wollen wir einen Dissens aushalten?

Die von uns im vierten Kapitel präsentierten Spiele sollen das Kommunikationsvermögen der Kinder fördern und insbesondere ihre Fähigkeit entwickeln, Konfliktsituationen zu entschärfen.

1.5 Mit Gedanken experimentieren

Philosophieren umfasst nicht nur begriffliches Arbeiten und Argumentieren, sondern auch *kreatives Nachdenken*. Informationen und Gedanken oder auch Begriffe und Gründe lassen sich auf originelle, d. h. ungewöhnliche und neuartige Weise miteinander verbinden, so dass ein neuer Gedankengang entstehen kann, der einmalig und innovativ ist: In der Fantasie können wir beispielsweise eine Glücksfee entstehen lassen.

Zum kreativen philosophischen Nachdenken gehört seit der Antike die Methode des *Gedankenexperiments*. Sie ermöglicht spielerische Experimente mit Gedanken und imaginären Möglichkeiten, die von Fakten abstrahieren und Beziehungen oder Gegenstände betreffen, die in der Wirklichkeit so nicht vorkommen, aber existieren *könnten* und in bestimmten Fällen dem gesunden Menschenverstand zuwiderlaufen, wie z. B.: Was würde passieren, wenn es auf der Welt plötzlich keine Freundschaft mehr gäbe? Gedankenexperimente regen zu neuen Sichtweisen der Wirklichkeit an, indem sie Umstände und Elemente kombinieren, die in der Realität nicht zusammentreffen, aber möglicherweise *zusammentreffen könnten, sollten* oder *müssten* bzw. *nicht vorkommen sollten*.

Gedankenexperimente haben immer die Form von „Was wäre, wenn (nicht)"-Kombinationen und lassen sich am Ende eines Gesprächs oder zu Beginn einer Unterrichtsstunde ohne große Vorbereitung in die Diskussion einbringen: Was wäre, wenn alle Menschen auf der Welt befreundet wären?

Eine spezielle Form des Gedankenexperiments ist der „fremde Blick". Er erfordert von den Kindern, in eine fremde Haut zu schlüpfen und besondere Ereignisse, Erlebnisse oder Lebensgewohnheiten mit den Augen eines Anderen zu beurteilen, d. h., jemand übernimmt eine besondere Rolle und muss von seinem eigenen Standpunkt abstrahieren.

Der „fremde Blick" dient also dazu, Distanz zu seinen eigenen Meinungen und Überzeugungen zu entwickeln und sich in die Gefühls- und Gedankenwelt von anderen Menschen hineinzuversetzen. Ein Beispiel wäre die Aufforderung, am ärgerlichen Verhalten einer Freundin nur positive Seiten zu sehen.

Die von uns vorgestellten Gedanken- und Fantasiespiele sollen insbesondere die Fähigkeit entwickeln, sich Situationen vorzustellen, die es in Wirklichkeit so nicht gibt. Dadurch wird die wichtige philosophische Fähigkeit der Distanzierung eingeübt.

2. Wahrnehmungsspiele

Die folgenden Spiele dienen dazu, die Wahrnehmungs- und Beobachtungsfähigkeit zu schärfen und das Gedächtnis zu trainieren. Denn wer sich gut erinnern kann, ist besser in der Lage, sich in der Welt zu orientieren.

2.1 Beobachtungsspiele

Sich an alle Gegenstände erinnern

Die Kinder sitzen im Kreis; vorher wurden kleine Gruppen gebildet. Im Kreis liegen wiederum verschiedene Gegenstände. Sie können zu einem speziellen philosophischen Thema wie „Natur", „Freundschaft" oder „Glück" ausgesucht werden.

Die Gruppenmitglieder haben eine Minute Zeit, sich alle Gegenstände einzuprägen. Danach werden die Gegenstände abgedeckt und die Gruppen müssen alle Objekte aufzählen. Ein vorher gewählter Spielleiter oder eine Spielleiterin notiert sich, welche Gegenstände von den einzelnen Gruppen vergessen wurden. Er teilt sie ihnen mit, ohne dass die anderen Gruppen etwas davon erfahren. Alle erhalten nun die Aufgabe, den vergessenen Gegenstand in einer Szene oder Gruppenpantomime (Standbild) darzustellen. Diese sollen dann von den anderen Gruppen erraten werden.

Wenn eine Gruppe alle Gegenstände aufzählen konnte, darf sie sich einen Gegenstand für die szenische Gestaltung aussuchen.

Zusatzvariante
Ein Bild wird als Folie oder im Großformat gezeigt. Die Kinder sollen möglichst viele Gegenstände auf dem Bild benennen. Danach wird das Bild abgedeckt und jedes Kind muss die Gegenstände aufzählen oder aufschreiben, an die es sich erinnert. Wer sich die meisten gemerkt hat, hat gewonnen.

Anschließend sucht sich jedes Kind einen Lieblingsgegenstand auf dem Bild aus und erzählt dazu eine kleine Geschichte.

Dieses Spiel dient dazu, die Beobachtungsfähigkeit zu stärken und zu üben, wichtige Merkmale eines Gegenstandes in einer Szene oder Pantomime darzustellen.

> Ein Standbild ist die Pantomime einer ganzen Gruppe zur Gestaltung eines Begriffes oder Gefühls durch einen Körperausdruck. Jeder Teilnehmer und jede Teilnehmerin muss innerhalb der Gruppe bei der Erstellung des Gesamtbildes eine spezielle Funktion übernehmen.

Imaginäre Geschenke erraten

Dieses Spiel sollte in kleinen Gruppen gespielt werden, insbesondere in den Klassen 4 bis 6. Zu einem bestimmten philosophischen Thema wie „Träumen“, „Glück“ oder „Gerechtigkeit“ schreibt jeder ein Geschenk auf einen Zettel, das zum Thema passt. Die Kärtchen werden dann gemischt. Jeder Spieler und jede Spielerin zieht der Reihe nach ein Kärtchen und stellt durch eine Pantomime bzw. eine Fingerpantomime dar, welches Geschenk er bzw. sie gezogen hat. Wer richtig geraten hat, bekommt das Kärtchen. Gewonnen hat der- bzw. diejenige, welche am Schluss die meisten Kärtchen gesammelt hat.

Zusatzvariante
Das Spiel läst sich auch als Begriffsspiel spielen. Anstelle von Geschenken werden Begriffe pantomimisch dargestellt (siehe auch Sprachspiele).

Das Spiel kann als Einstieg in ein philosophisches Thema bzw. eine Unterrichtseinheit dienen.

Die Zaubertüte

Es werden kleine Gruppen gebildet. Die Kinder kennen vorher das Thema, zum Beispiel „Glück“. Ein Spieler oder ein Spielerin bekommt nun eine leere Zaubertüte. Er oder sie holt einen „unsichtbaren“ Gegenstand aus der Tüte, der zum Thema passt, beispielsweise ein Hufeisen. Er oder sie malt mit der Hand seine Konturen, damit die anderen Kinder eine ungefähre Vorstellung von seiner Beschaffenheit bekommen. Anschließend macht er oder sie mit dem unsichtbaren Gegenstand etwas, damit seine Funktion deutlich wird. Das Kind könnte z. B. das Hufeisen ans Herz drücken oder über einer Tür befestigen.

Wer den Gegenstand zuerst erraten hat, greift anschließend in die Zaubertüte und präsentiert den nächsten.

Zusatzvariante
In die Zaubertüte werden kleine Zettel gelegt, auf denen vorher Gegenstände gezeichnet wurden. Der Zauberer oder die Zauberin greift einen Zettel heraus und beschreibt den abgebildeten Gegenstand, ohne seinen Namen zu nennen. Wer den Gegenstand erraten hat, darf als Nächste/r zaubern.

Auch dieses Spiel dient dazu, die Beschreibung von Gegenständen mit unterschiedlichen Ausdrucksformen (Pantomime, Sprache) zu üben.

Geschichten zu Gegenständen erzählen

In einen Beutel werden verschiedene Gegenstände zu einem philosophischen Thema gelegt, z. B. Gegenstände zum Thema „Natur“. Die Kinder können vorher die Aufgabe erhalten, entsprechende Gegenstände zum Thema mit in die Schule zu bringen. Jemand beginnt damit, aus den bunt zusammengewürfelten Gegenständen einen herauszunehmen und eine kleine Geschichte dazu zu erzählen. Der oder die Nächste zieht dann einen neuen Gegenstand und erzählt ebenfalls eine Geschichte. In ihr müssen nun aber beide Gegenstände vorkommen. Nach etwa fünf Gegen-

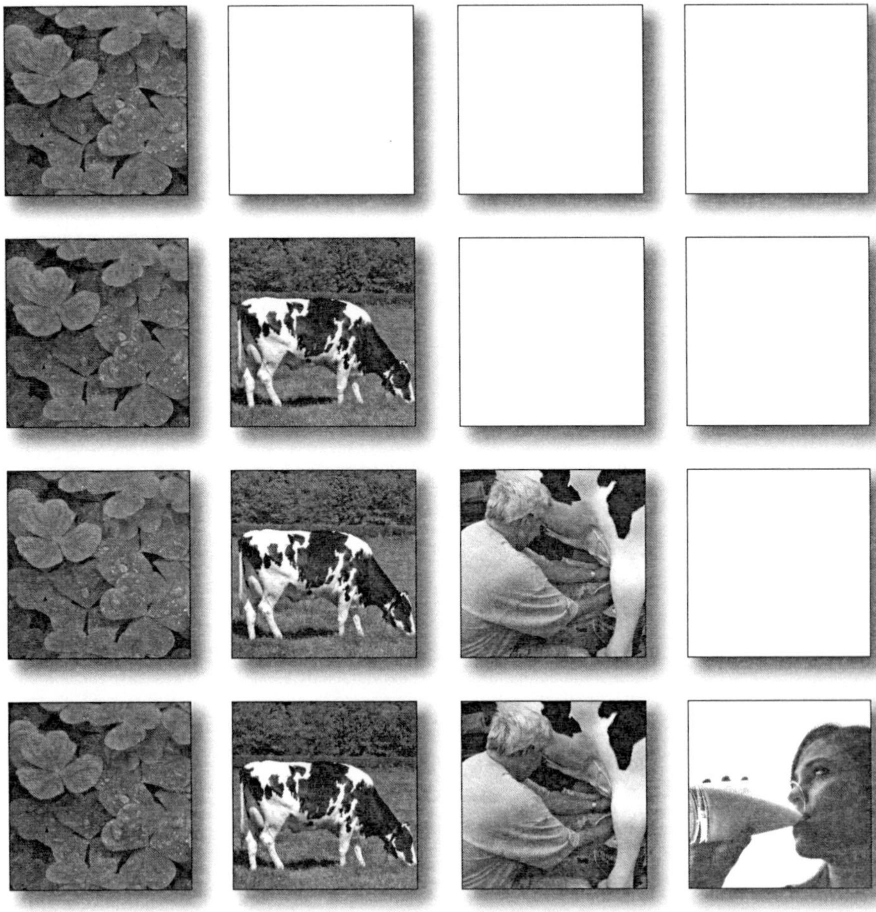

ständen und entsprechenden Geschichten mit diesen fünf Gegenständen wird das Spiel neu gestartet.

Mit diesem Spiel wird ein abstrakter Begriff an konkreten Gegenständen handhabbar und gleichzeitig wird geübt, wie man sinnvolle Verbindungen zwischen ihnen herstellen kann.

Blickkontakt

Dieses Spiel sollte insbesondere zum Thema „Wer bin ich?“ gespielt werden. Jeweils zwei Teilnehmer sitzen sich gegenüber und sehen sich schweigend eine kurze Zeit an. Danach erhalten sie die Aufgabe, sich intensiv und ganz genau anzuschauen und dabei auf Einzelheiten des Gesichts zu achten: die Farbe der Haut, die Form der Nase, bestimmte Linien im Gesicht, den Gesichtsausdruck etc.

Nach etwa 5 Minuten sollten sich die Partner über ihre Wahrnehmungen austauschen.

Anschließend könnte darüber nachgedacht werden, ob man aus dem Gesicht eines anderen Menschen auch seinen Charakter erschließen kann.

Das Spiel dient dazu, die Wahrnehmungsfähigkeit gegenüber anderen Personen zu stärken.

Sich blind vertrauen (nach einer Spielidee von Julia Kieck)

Die Kinder teilen sich nach Sympathie in Zweiergruppen auf, einem Kind werden die Augen verbunden. Der Partner mit den offenen Augen hat nun die Aufgabe, das andere Kind sicher durch den Parcours oder das Klassenzimmer zu führen, bzw. beim Ertasten, Schmecken, Riechen der Gegenstände zu assistieren oder das Kind einfach nur sicher durch den Raum zu geleiten. Im Anschluss werden die Rollen getauscht.

Nachdem alle Kinder beide Rollen erlebt haben, befragen sie sich gegenseitig zu ihren Erlebnissen:

- Haben sie sich sicher gefühlt?
- Wurden sie gut geführt?
- Hat sich der/die Führende in den/die Nicht-Sehende/n hineinversetzen können?
- Hat der/die Führende eventuell das Vertrauen des Anderen missbraucht, indem er ihn/sie

extra falsch geführt hat oder einen Schabernack gemacht hat?
- Wie hat sich der/die Geführte danach gefühlt?

Interessant ist dabei auch die Frage, ob die Kinder befreundet sind und ob es einen Unterschied beim Umgang und Empfinden von Mädchen und Jungen gibt. Hierzu könnte ein sokratisches Gespräch geführt werden.

Zusatzvariante
Als Variante kann man im Parcours oder im Klassenzimmer oder beim Tasten etwas Unangenehmes einbauen, z. B. eine hohe Stufe, etwas Schleimiges usw.

Anschließend sollte darüber gesprochen werden, ob der oder die Geführte dem oder der Anderen in dieser Situation vertrauen konnte.

Durch das Spiel sollen die Kinder erfahren, was es bedeutet, einem anderen Menschen „blind" zu vertrauen und so zu spüren, was Vertrauen ausmacht.

Verschiedene Blicke auf die Welt (nach einer Idee von Margarete Wenzel)

Die Spieler und Spielerinnen schließen die Augen und denken dabei an einen speziellen Gegenstand, z. B. einen Baum. Dieser wird entweder den Anderen gegenüber beschrieben oder aufgezeichnet.

In einer zweiten Runde stellen sich die Kinder diesen Gegenstand in einem besonderen Licht (z. B. sehr hell, halbdunkel, farbig) vor und beschreiben ihn wiederum oder malen ihn auf.

Mögliche Fragen für ein anschließendes sokratisches Gespräch könnten sein:

- Hat sich der Gegenstand verändert, wenn du ihn in einem anderen Licht siehst?
- Was hat sich möglicherweise verändert?

Der Sinn dieses Spiels besteht in Anlehnung an Margarete Wenzel darin, einen Gegenstand aus verschiedenen Blickwinkeln und dadurch in einem anderen Gewand wahrzunehmen.

Der Spiegel

Es werden Paare gebildet, die sich gegenübersitzen oder -stehen. A macht eine Bewegung, die B ganz genau spiegelt. Nach einiger Zeit werden die Rollen getauscht.

Anschließend sollte in einem sokratischen Gespräch geklärt werden, wodurch sich das Original vom Spiegelbild unterscheidet.

Das Spiel dient dazu, die Aufmerksamkeit zu schärfen und sich durch das Spiegeln in einen anderen Menschen einzufühlen.

Die doppelte Skulptur

Ein Spieler oder eine Spielerin verbindet sich die Augen. Ein anderes Kind stellt eine Skulptur zu einem vorgegebenen philosophischen Thema dar. Ein Spielleiter oder eine Spielleiterin beschreibt dem Kind mit den verbundenen Augen die dargestellte Skulptur, insbesondere die Körperhaltung, die das betreffende Kind eingenommen hat.

Das „blinde Kind" hört sich die Beschreibung genau an und stellt dann die Skulptur mit verbundenen Augen dar. Danach wird das Tuch abgenommen und Original und Kopie werden verglichen.

Anschließend sollte darüber gesprochen werden, inwiefern und warum sich das Original von der Kopie unterscheidet.

Das Spiel dient einerseits dazu, die Aufmerksamkeit für den eigenen Körper zu schärfen. Außerdem wird der Zusammenhang von Sprache und Realität thematisiert.

2.2 Hörspiele

Nichts hören

Dieses Spiel lässt sich zu Themen wie „Wer bin ich?" oder auch „Leben mit Behinderungen" einsetzen.

Die Spielerinnen und Spieler stecken sich Watte in die Ohren. Danach versuchen sie, sich durch eine pantomimische Gestaltung über ein philosophisches Thema wie „Glück" zu verständigen. Anschließend werten sie ihre Erfahrungen aus. Danach könnte beispielsweise ein sokratisches Gespräch darüber geführt werden, ob bzw. wie Menschen, die nicht hören können, die Welt erkennen.

Dieses Spiel stärkt die nonverbale Ausdrucksfähigkeit. Es fördert auch das Nachdenken über Behinderungen.

Geräusche fangen (nach einer Idee von Jamie Walker)

Dieses Spiel kann zu Themen wie „Unsere Sinne" oder „Wer bin ich?" gespielt werden.

Die Kinder sitzen im Kreis. Jemand steht mit verbundenen Augen in der Mitte. Nun zerknüllt ein Schüler oder eine Schülerin ein Blatt Papier, das anschließend im Kreis herumgeworfen wird. Der Spieler oder die Spielerin mit verbundenen Augen versucht, das Papier zu fangen. Der- oder diejenige, bei dem bzw. der er/sie das Papier gefangen hat, geht anschließend in den Kreis. Niemand sollte zweimal drankommen.

Im Anschluss an das Spiel sollte darüber diskutiert werden, welche Rolle die Hörfähigkeit im Leben eines Menschen spielt.

Das Spiel trainiert die Fähigkeit gut und konzentriert zu(zu)hören.

Was hast du gehört?

Die Kinder verteilen sich im Klassenzimmer oder auf dem Schulhof. Sie schließen die Augen und hören ca. zwei Minuten, welche Geräusche im Klassenzimmer oder außerhalb zu hören sind. Danach setzen sie sich hin und schreiben in Stichworten auf, was sie gehört haben.

Anschließend wird ein Gespräch darüber geführt: Welche Geräusche habe ich gehört? Wer hat sie erzeugt? Welche Geräusche waren natürliche Geräusche (von Lebewesen) und welche Geräusche waren künstliche Geräusche (Autos, Flugzeuge)? Welcher Klang war angenehm, und welcher nicht? Welcher Klang war mein Lieblingsgeräusch und warum?

1. Variante

Dieses Spiel lässt sich auch in der freien Natur spielen. Die Kinder sammeln Naturobjekte, wie zum Beispiel Zweige, Blätter oder Steine. Einige (wenige) Kinder erzeugen mit den Naturobjekten Geräusche, zum Beispiel:

- mit den Ast auf den Stein schlagen
- Zweige zerbrechen
- Rinde zerbröseln
- Tannenzapfen aneinanderreiben

Die Mehrheit schließt die Augen und versucht die Geräusche und die Naturobjekte zu erraten.

Auch hier kann anschließend darüber gesprochen werden, welcher Klang angenehm war und welcher nicht.

2. Variante

Die Klänge aus der Variante 1 können auch gemischt werden, d. h., unter die Naturklänge werden künstliche Klänge gemischt, zum Beispiel mit Alufolie knistern oder Getränkedosen aneinander reiben. Die Kinder sollen nun die natürlichen Klänge von den künstlichen unterscheiden.

Danach könnte ein sokratisches Gespräch geführt werden: Was gehört zur Natur und was nicht?

3. Variante
Ungefähr zehn verschiedene Klänge (natürliche und künstliche) werden aufgenommen und vorgespielt. Danach sollen die Kinder die Klänge imitieren. Wer sich die meisten Klänge gemerkt hat, darf sich ein Lied wünschen, das dann alle Kinder gemeinsam singen.

Zur Kontrolle können am Schluss noch einmal alle Geräusche vorgespielt werden.

Das Spiel trainiert die Fähigkeit, aufmerksam zuzuhören und zu unterscheiden.

Geräusche imitieren

Jeder Spieler und jede Spielerin überlegt sich ein Geräusch aus dem Alltagsleben, z. B. tropfender Wasserhahn oder raschelndes Gras. Die Geräusche werden gegenseitig erraten. Anschließend wird darüber gesprochen, was die Geräusche über die Person, das Tier oder den Gegenstand aussagen, von dem sie kommen.

1. Variante
Ein Thema wird vorgegeben, zu dem die Geräusche ausgesucht werden sollen, z. B. „Natur“ oder „Schule“.

2. Variante
Es könnte auch eine Art Gedankenreise durchgeführt werden. Wir befinden uns im Urwald. Welche Geräusche gibt es dort: Geräusche von Raubtieren, Papageien, Affen usw.

Das Spiel hat die Funktion, das differenzierte Hören zu entwickeln.

Eine Geräuschkette einfädeln

Die Kinder sitzen im Kreis. Ein Spieler oder eine Spielerin erzeugt zu einem vorgegeben Thema wie zum Beispiel „Natur“ oder „Schule“ ein Geräusch. Das nächste Kind wiederholt das Geräusch und fügt ein neues hinzu. Je mehr Kinder an die Reihe kommen, desto schwieriger wird es, die Geräusche in der entsprechenden Reihenfolge zu wiederholen. Wer einen Fehler macht, scheidet aus oder muss ein Pfand abgeben.

Anschließend könnte die Frage diskutiert werden, was die verschiedenen Geräusche über den jeweiligen Gegenstand, in unserem Fall über die Natur oder über die Schule, aussagen.

Dieses Spiel fördert die Fähigkeit des Zuhörens, der Konzentration und der Erinnerungsfähigkeit.

Hörgeschichten erzählen

Jemand erzählt eine Geschichte, in der möglichst viele Ereignisse mit Geräuschen vorkommen sollten, zum Beispiel:

Gestern ging ich spazieren. Zuerst hörte ich eine Taube. Dann kam plötzlich ein Auto, das vor dem Nachbarhaus parkte. Unter dem Auto lag ein Flaschenverschluss. Ich zuckte zusammen, als ein Motorradfahrer kam. Meiner Freundin fiel auch noch das Geld aus der Tasche, während über uns ein Flugzeug hinwegflog. Am Schluss war ich ganz müde und legte mich ins Gras. Über mir raschelten die Blätter eines Baumes.

Ein zweiter Spieler oder Spielerin „erzählt“ die Geschichte nun nur in Form von Geräuschen. Die anderen Kinder passen auf, dass nichts vergessen wird. Anschließend wird darüber gesprochen, was uns Geräusche über Dinge, Tiere, Pflanzen und Menschen erzählen.

Anschließend könnte ein sokratisches Gespräch darüber geführt werden, ob die Geschichte mit Worten erzählt eine andere Geschichte ist, als wenn sie mit Geräuschen erzählt wird? Die Lehrerin/der Lehrer sollte auf Begründungen achten.

Das Spiel soll die Fähigkeit des Zuhörens schärfen und das Identifizieren unterschiedlicher Alltagsereignisse einüben.

Sprechen und zuhören

Zwei Kinder lesen jeweils gleichzeitig einen unterschiedlichen Text zu einem philosophischen Thema laut vor und versuchen dabei auch dem zuzuhören, was der oder die Andere liest. Nach einer vorgegebenen Zeit hören beide auf zu lesen und erzählen sich, was sie jeweils gehört haben.

Dieses Spiel fördert die Fähigkeit zur Konzentration, zur Erinnerung und korrekten Wiedergabe.

2.3 Spiele zum Tasten, Riechen und Schmecken

Einen Gegenstand ertasten

Dieses Spiel lässt sich inhaltlich zu den Themen „Sinnliche Erkenntnis der Welt“ oder „Umgang mit Behinderungen“ einsetzen.

Die Kinder sitzen im Kreis. Dort befinden sich verschiedene Gegenstände. Sie können zu einem speziellen philosophischen Thema wie „Natur“ oder „Freundschaft“ ausgesucht werden. Einem Spieler oder einer Spielerin werden die Augen verbunden. Er oder sie nimmt sich einen Gegenstand und ertastet ihn. Wenn er oder sie Schwierigkeiten hat, herauszufinden, um welchen Gegenstand es sich handelt, kann durch den Lehrer oder die Lehrerin Hilfestellung gegeben werden.

1. Variante
Das Spiel kann auch so gespielt werden, dass alle Gegenstände in doppelter Ausfertigung im Kreis liegen, also z. B. zwei Stückchen Baumrinde, zwei Blumenblätter, zwei Steine etc.

Der Spieler oder die Spielerin mit den verbundenen Augen ertastet erst die Gegenstände und ordnet sie dann zu Paaren. Die Anderen können Hilfestellung geben.

2. Variante
Die Gegenstände werden in einen verschlossenen Sack gesteckt und müssen von mehreren Mitspielern von außen ertastet werden. Wer einen Gegenstand zuerst richtig ertastet, erhält einen Punkt. Gewonnen hat derder diejenige mit den meisten Punkten.

3. Variante
Diese Variante eignet sich insbesondere beim Thema „Natur“ und könnte draußen gespielt werden. Die Kinder sammeln verschiedene Naturgegenstände wie zum Beispiel Blätter, kleine Äste, Moos und verstecken diese. Danach bilden sich Paare. Einer der beiden legt sich auf den Rücken und schließt die Augen. Der oder die Andere streicht ihm oder ihr vorsichtig mit den gesammelten Gegenständen über die Wangen oder die freien Oberarme. Die Naturgegenstände sollen erraten werden; danach wird getauscht.

Durch dieses Spiel wird die taktile Wahrnehmungsfähigkeit gefördert. Außerdem trägt das Spiel dazu bei, das Nachdenken über Behinderungen zu intensivieren: Wie kann sich z. B. jemand in der Welt orientieren, der blind ist?

Ein Wort ertasten

Zu einem philosophischen Thema wie zum Beispiel „Zeit" werden wichtige Begriffe an der Tafel gesammelt (nicht mehr als sechs Begriffe). Die Kinder bilden kleine Gruppen und setzen sich in einen Kreis, so dass jedes Kind den Rücken des vor ihm sitzenden Kindes vor sich hat und gut erreichen kann. Alle Kinder schließen die Augen. Der erste Spieler/die erste Spielerin sucht sich einen Begriff von der Tafel aus, zum Beispiel eine Uhr, und zeichnet ihn mit dem Zeigefinger auf den Rücken des vor ihm sitzenden Kindes. Das Kind öffnet die Augen und malt den Gegenstand auf den Rücken des nächsten Kindes. Der oder die letzte muss dann den Begriff nennen. Falls er nicht richtig erraten wurde, wird noch einmal von vorn begonnen. Ansonsten kann noch eine zweite oder dritte Runde mit den noch verbleibenden Begriffen gespielt werden.

Das Spiel übt, Begriffe durch Tasten darzustellen und diese außersprachlich zu erkennen.

Eine Tastgeschichte erzählen

Die Kinder bilden Paare. Zu einem philosophischen Thema wie zum Beispiel „Natur" wird von einem Spielleiter oder einer Spielleiterin eine vorbereitete Geschichte erzählt, die mit den Händen auf dem Rücken des Partners oder der Partnerin nacherzählt werden soll. Alle setzen sich in einen Kreis auf den Boden, so dass jedes Kind mit den Händen gut an den Rücken des vor ihm sitzenden Kindes kommt.

Nun wird die Geschichte über die Zeit erzählt. Oliver besucht seine Oma. Dort steht eine alte Uhr, die immer laut „Tick-tack" macht (die Kinder klopfen das „Tick-tack auf dem Rücken ihres Partners/ihrer Partnerin). Oliver ist so fasziniert, dass er gar nicht merkt, dass Opa hinter ihm steht und ihm über die Schulter streicht (alle streicheln die Schulter des Partners/der Partnerin). Opa will Oliver nämlich sagen, dass er mal zum Fenster herausgucken soll, weil es blitzt und donnert. Der Blitz kann mit Schlangenlinien auf dem Rücken dargestellt werden, der Donner mit leichten Faustschlägen usw.

Anschließend kann darüber nachgedacht werden, ob es schwer oder einfach gewesen ist, die Geschichte mit Tastbewegungen darzustellen.

1. Variante
Das Kind, das die Geschichte erzählt, gibt vor, mit welchen Tastelementen sie gestaltet werden soll.

2. Variante
Die Kinder äußern nacheinander (paarweise), wie die jeweiligen Erzählelemente gestaltet werden sollen.

3. Variante
Jedes Paar entscheidet selbst, was es gestalten will.

Das Spiel eignet sich zum Einstieg in ein philosophisches Thema.

Einen Gegenstand riechen

Es werden Paare gebildet. Ein Spieler oder eine Spielerin führt den Partner/die Partnerin mit verbundenen Augen zu einem Gegenstand. Er oder sie soll anhand des Geruchs erraten, um welchen Gegenstand es sich handelt. Danach werden die Rollen getauscht.

1. Variante
Das Spiel kann beim Thema „Natur" auch zu bestimmten Gerüchen von Naturobjekten wie zum Beispiel Kräutern spielt werden.

2. Variante
Das Spiel kann ebenfalls zu bestimmten Speisen gespielt werden, die mit verbundenen Augen erraten werden sollen. Danach könnte ein sokratisches

Gespräch darüber geführt werden, warum Menschen einen unterschiedlichen Geschmack haben.

Dieses Spiel dient dazu, den Riech- und Geschmackssinn zu schärfen.

2.4 Spiele mit allen Sinnen

Gegenstände verwandeln

Gegenstände zu einem bestimmten Thema wie z. B. „Natur“ oder „Glück“ werden ihrem ursprünglichen Verwendungsbereich entfremdet und zu einem kleinen Kunstwerk umgestaltet. Dabei soll nicht die praktische Verwendbarkeit im Vordergrund stehen, sondern die ästhetische Aussage. Dieses Spiel kann in kleinen Gruppen, in Partnerarbeit oder einzeln durchgeführt werden. Anschließend wird darüber diskutiert, inwieweit die Gegenstände sich verändert haben und ob die Verwandlung auch ihr Wesen verändert hat.

Das Spiel dient dazu, Gebrauchsgegenständen eine ästhetische Dimension zu verleihen. Darüber hinaus können die ästhetischen Kategorien „hässlich“ und „schön“ diskutiert werden oder die Frage, ob der Gegenstand durch die Verwandlung in seinem ursprünglichen Wesen erhalten geblieben ist.

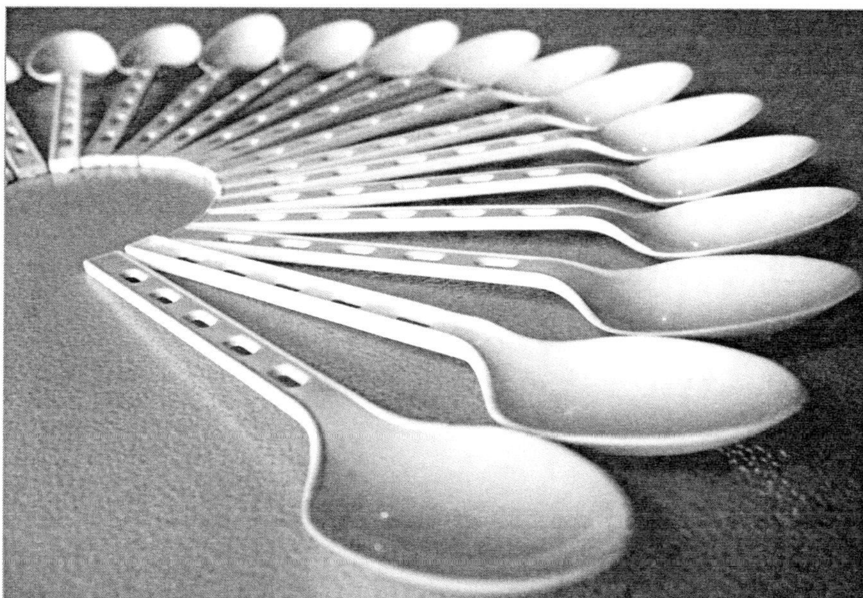

Wie sich Urmenschen verständigten

Das philosophische Thema des folgenden Spiels ist in erster Linie „Sprechen und Denken".

Zunächst werden Paare gebildet, die sich zurück in die Steinzeit versetzen. Beide Partner gehören unterschiedlichen Stämmen an und sprechen keine gemeinsam Sprache. Sie sollen sich über ein gemeinsames Thema wie beispielsweise „Zusammenleben im Revier" verständigen. Dazu werden im Voraus vom Lehrer oder der Lehrerin Kärtchen mit bestimmten Situationen zum Thema angefertigt, die beide Partner vorher nicht gesehen haben:

Ich bin stark, nimm dich vor mir in Acht!

Wir müssen gegenüber unseren Feinden zusammenhalten.

Wenn du Hilfe brauchst, komme ich zu dir.

Ich fürchte mich vor wilden Tieren.

Kannst du mir beim Bauen meiner Hütte helfen?

Kannst du mir helfen, Feuer zu machen?

Der erste Urmensch zieht nun eines der Kärtchen und stellt in Lauten, Mimik und Gestik die betreffende Situation dar, die der oder die Andere erraten soll. Wenn er oder sie die Situation erraten hat, zieht er oder sie ein neues Kärtchen und stellt die dort beschriebene Situation dar.

Das Spiel ist beendet, wenn alle Situationen erraten worden sind. Hilfestellungen sind insofern möglich, dass am Anfang beide Partner einen kurzen Blick auf alle Kärtchen werfen, damit sie in etwa wissen, worum es geht.

Das Spiel dient u. a. dazu, die Wahrnehmung für die Körpersprache zu schärfen. Außerdem wird die Fähigkeit entwickelt, wichtige Gedanken nonverbal auszudrücken (siehe auch Kapitel 5.1.1).

Was ist gleich an dir und mir?

Das folgende Spiel kann ebenfalls zum Thema „Wer bin ich?“ eingesetzt werden.

Dazu werden Paare gebildet. Beide schauen sich intensiv „von oben bis unten“ an und notieren sich anschließend, welche gemeinsamen äußeren Merkmale sie haben, z. B.:

- Wir haben beide braune Haare und eine schmale Nase.
- Wir tragen beide Jeans.
- ...

Danach werten beide Partner die Gemeinsamkeiten aus.

Zusatzvariante
Das Spiel könnte weitergeführt werden, indem nach gemeinsamen inneren Merkmalen (Charaktereigenschaften, Hobbys, Gedanken) gesucht wird. Danach wird darüber gesprochen, was beiden Partnern gemeinsam ist und wodurch sie sich unterscheiden.

Mögliche Weiterführung des Spiels
An dieses Spiel könnte sich nun ein Rollenspiel anschließen (siehe auch Kapitel 5.1 in diesem Buch): Stell dir vor, jemand möchte dein Freund oder deine Freundin werden. Welche (äußeren und inneren) Eigenschaften müsste er oder sie mitbringen? Gestaltet dazu ein Rollenspiel.

Das Spiel dient dazu, andere Personen intensiver wahrzunehmen und neben Unterschieden auch Gemeinsamkeiten zu entdecken.

Ich verändere mich (nach einer Idee von Jamie Walker)

Das Spiel sollte insbesondere zum Thema „Wer bin ich?“ gespielt werden. Dazu werden Paare gebildet. Diese stehen sich gegenüber und beobachten, wie der Andere angezogen ist. Dann drehen sie sich um und jeder verändert mindestens ein und maximal drei Details an seinem Outfit, z. B.: Ärmel hochkrempeln, Kragen in den Pullover stecken, einen Ohrring abnehmen etc. Danach drehen sich beide um und versuchen herauszufinden, was sich am Anderen verändert hat.

Anschließend kann begrifflich gearbeitet werden: Was heißt „sich verändern“? Gibt es einen Unterschied zwischen inneren und äußeren Veränderungen?

Das Spiel verfolgt das Ziel, die Wahrnehmungsfähigkeit für Veränderungen zu schärfen.

Welche Person/Welches Tier/Welcher Beruf ist das?

Die Kinder bilden kleine Gruppen. Vorher wird das Gebiet eingegrenzt: Personen, Berufe oder Tiere. Dann sucht sich jedes Kind ein oder zwei wesentliche Eigenschaften aus und schreibt dazu ein Rätsel, das die anderen Mitspieler und Mitspielerinnen erraten müssen, zum Beispiel:

- Sie arbeitet mit Kamm und Schere und hat mit Haaren zu tun. (Friseuse)
- Er setzt Stein auf Stein und zieht etwas Großes hoch. (Maurer)

Anspruchsvolle Variante: einen Reim schreiben
- Er hilft den Menschen, egal, was sie haben, bei Schnupfen und Husten und Krampf in den Waden. (Arzt)
- Mit seinem Rüssel kann er spritzen, auf seinem Rücken kannst du sitzen. (Elefant)

Das Spiel dient dazu, Menschen, Dinge oder Ereignisse mit wenigen Worten (Eigenschaften) zu beschreiben und dabei das Wesentliche hervorzuheben.

Memory

Dieses Spiel sollte am Ende einer Unterrichtseinheit zur Wiederholung und Festigung der bisher behandelten philosophischen Gedanken gespielt werden.

Die Kinder bilden Paare. Sie werden gebeten, beispielsweise zum Thema „Natur“ folgende Aufgaben zu erledigen: Auf drei Kärtchen sollen jeweils wichtige Begriffe zum Thema „Natur“ geschrieben werden, die im Unterricht behandelt wurden, z. B.: Umwelt, Wachsen, Vergehen. Auf weitere drei Kärtchen soll jeweils ein Symbol gezeichnet werden, z. B.: eine Pflanze, ein Tier oder Müll.

Die Kärtchen werden nun aufgedeckt und wie ein Memory-Spiel auf den Tisch gelegt; es handelt sich insgesamt um zwölf Kärtchen. Jemand beginnt und tippt mit dem Finger auf einen Begriff oder ein Symbol. Der oder die Andere muss dazu mindestens einen Satz sagen. Für jeden richtigen Satz, der gesagt wird, gibt es einen Punkt. Danach tippt der oder die Andere mit dem Finger auf das nächste Kärtchen. Jedes Kärtchen, das angetippt wurde, wird beiseite gelegt. Die Paare entscheiden gemeinsam, ob ihre Antworten richtig gewesen sind.

Sieger oder Siegerin ist, wer am Schluss die meisten Punkte gesammelt hat.

Das Spiel dient dazu, den Unterrichtsstoff spielend zu wiederholen und so den Lernerfolg zu überprüfen.

3. Sprachspiele

Die folgenden Spielvorschläge zielen darauf ab, den *Spaß am bewussten Umgang mit Sprache zu wecken*. Sie sollen darüber hinaus die Sensibilität dafür schärfen, dass philosophische Begriffe verschiedene Bedeutungen haben können.

3.1 Begriffe erklären

Buchstabengymnastik

Die Kinder sitzen im Kreis.

1. Runde
In einem Hut liegen die Buchstaben des Alphabets. Ein Spieler oder eine Spielerin zieht einen Buchstaben und versucht diesen in der Kreismitte mit einer bestimmten Körperhaltung darzustellen, zum Beispiel das A mit gegrätschten Beinen und in der Mitte verschränkten Armen. Wer den Buchstaben zuerst errät, zieht den nächsten.

2. Runde
Die Buchstaben werden wieder aus dem Hut gezogen. Nun müssen Begriffe zu einem vorgegebenen philosophischen Thema gesucht werden, die mit dem entsprechenden Buchstaben beginnen. Jemand fängt an, sagt einen Begriff und ruft dann das nächste Kind auf. X und Y sollten vorher aussortiert werden.

3. Runde
Die Kinder könnten sich noch weitere Runden zu dem Spiel ausdenken: Zum Beispiel Sätze bilden usw.

Das Spiel dient dazu, einen spielerischen Umgang mit Sprache zu lernen.

Welcher philosophische Begriff ist das?

Ein Kind sucht sich einen Begriff aus und schreibt ihn (zur Kontrolle) auf einen Zettel. Die anderen Mitspieler und Mitspielerinnen erraten ihn, indem sie eine Reihe von Fragen stellen, die von demjenigen, der den Begriff ausgewählt hat, entweder mit Ja oder Nein beantwortet werden. Zur Vereinfachung dieses Spiels sollte der betreffende Themenbereich angegeben werden, aus dem der Begriff stammt, z. B. „Glück und Leid" oder „Konflikte". Jeder Mitspieler bzw. jede Mitspielerin darf so lange fragen, bis seine Frage mit Nein beantwortet wird. Wer den Begriff als Erste/r erraten hat, wählt einen neuen aus. Am Schluss der gesamten Spielserie ist das Kind Sieger oder Siegerin, dessen Begriff mit den meisten Fragen enträtselt wurde.

1. Variante
Es ist auch möglich, dass der zu erratende Begriff zu Beginn des Spiels durch eine Pantomime vorgestellt wird und dann – wie beschrieben – durch Fragen erraten werden muss. Er kann auch mit visuellen Symbolen gezeichnet und anschließend erraten werden.

2. Variante
Das Spiel kann auch zu Gefühlen wie Angst, Wut oder Zärtlichkeit gespielt werden.

3. Variante
Als Hilfe kann auch die Anzahl der Silben angegeben werden: Mein Begriff besteht aus 3 Silben (Wunsch-träu-me).

Dieses Spiel dient dazu, den sicheren Umgang mit einem schwierigen philosophischen Begriff zu üben.

Begriffe als Pantomime

Zu einem philosophischen Begriff werden Begriffe oder Ausdrücke gesammelt, die mit ihm in Verbindung stehen, zum Beispiel zum Begriff *Glück*: „sich freuen“, „im 7. Himmel sein“, „eine Familie haben“, „ein Ziel erreichen“.

Die Begriffe werden auf kleine Kärtchen geschrieben, kurz vorgelesen und dann in eine Dose oder einen Hut gepackt. Die Kinder sitzen im Kreis. Jemand greift in den Hut hinein, zieht einen Begriff und stellt ihn in einer Pantomime dar. Wer den Begriff zuerst erraten hat, zieht den nächsten Begriff. Das Spiel ist beendet, wenn der Hut leer ist.

Zusatzvariante
Ab Klasse 5/6 kann das Spiel auch mit Werbesprüchen oder Sprichwörtern gespielt werden, die vorher auf Kärtchen geschrieben und anschließend in den Hut gelegt werden.

Das Spiel dient dazu, die Bedeutung schwieriger philosophischer Begriffe körpersprachlich zu erarbeiten.

Philosophischer Buchstabenmix

Zu einem ausgewählten philosophischen Thema wie „Freundschaft“ wählt sich jedes Kind einen Begriff aus und verteilt die Buchstaben kunstvoll in verschiedenen Farben auf einem Blatt. Dann werden die Blätter mit dem Nachbarn oder der Nachbarin getauscht und die Begriffe gegenseitig erraten. Der Nachbar oder die Nachbarin schreibt dann jeweils auf der Rückseite des Blattes eine kleine Geschichte zum Begriff des anderen Kindes. Danach werden die Blätter wieder getauscht und die Geschichten laut vorgelesen.

Das Spiel hat die Funktion, wichtige philosophische Begriffe anschaulich zu gestalten und inhaltlich durch Geschichten zu erarbeiten.

Philosophisches Begriffs-ABC

Ein Spieler oder eine Spielerin sagt in Gedanken das ABC auf; anschließend sagt jemand „Stopp“. Nun wird laut der Buchstabe genannt, bei dem gestoppt wurde, z. B. das S. Die Spielerinnen und Spieler erhalten die Aufgabe, zu einem bestimmten philosophischen Begriff wie beispielsweise *Natur* konkrete Wörter/Begriffe mit dem Anfangsbuchstaben S zu nennen, und zwar so viele wie sie finden:

Natur: See, Seerose, Samen, säen, Schnee, ...

In einer zweiten Runde können dann mit den Begriffen sinnvolle Sätze gebildet oder Geschichten geschrieben werden, in denen alle gefundenen Wörter/Begriffe vorkommen müssen.

Das Spiel dient der Klärung (Analyse) eines schwierigen philosophischen Begriffs.

Begriffs-Laufen

Die Kinder nennen ein philosophisches Thema, zum Beispiel „Zeit“. Sie erhalten Nummern zugeteilt und laufen im Klassenraum umher; das Spiel eignet sich auch sehr gut für den Schulhof.

Ein Kind beginnt und nennt eine Nummer, beispielsweise 6. Dann bleiben alle Kinder sofort stehen, und zwar in der Körperhaltung, die sie gerade eingenommen hatten, zum Beispiel mit einem angewinkeltem Bein. Das Kind mit der Nummer 6 muss nun „auf der Stelle“ einen Begriff zum Thema sagen, zum Beispiel *Vergangenheit*. Danach wird weiter gelaufen, und irgendwann ruft das Kind mit der Nummer 6 eine neue Nummer auf. Wer keinen Begriff weiß, scheidet aus.

Bei diesem Spiel kommt es auch auf Schnelligkeit an; der philosophische Begriff sollte so schnell wie möglich genannt werden.

1. Variante
Das Spiel kann auch so gespielt werden, dass nicht Begriffe genannt werden müssen, sondern Fragen gestellt werden sollen, zum Beispiel: Woher wissen wir, dass die Uhren immer richtig gehen?

2. Variante
Eine weitere Variante wäre, Erlebnisse zum Thema erzählen zu lassen.

3. Variante
Das Spiel kann auch zum Thema „Gefühle" gespielt werden. Das Kind, das aufgerufen wird, muss ein Gefühl nennen. Hier wären auch verschiedene Schwierigkeitsgrade möglich: zum Beispiel, dass nur schöne Gefühle oder nur unangenehme Gefühle genannt werden sollen.

Diese Variante könnte auch so gespielt werden, dass das erste Kind, dessen Nummer gesagt wird, das Gefühl nennt, und das nächste Kind das Gefühl dann in einer Pantomime darstellen muss. Danach wird wieder ein neues Gefühl genannt, anschließend folgt wieder eine pantomimische Darstellung des Gefühls.

Das Spiel bringt „action" ins Klassenzimmer und dient gleichzeitig dazu, wichtige Begriffe und Gedanken zu einem philosophischen Thema zu wiederholen. Beim Thema „Gefühle" wird gleichzeitig die Darstellung durch Körpersprache wiederholt.

Philosophische Luftwörter

Es werden kleine Gruppen gebildet. Ein Kind malt zu einem vorgegebenen philosophischen Thema Buchstabe für Buchstabe ein Wort in die Luft. Wer es zuerst erraten hat, malt das nächste Wort in die Luft.

Das Spiel regt dazu an, sich mit schwierigen philosophischen Begriffen spielerisch zu beschäftigen.

Welcher Begriff geht mir durch den Kopf?

Jeder Mitspieler oder Mitspielerin malt die Umrisse seines oder ihres Kopfes auf ein Blatt Papier; für jüngere Kinder kann dies auch ein Erwachsener tun. Dann schließen die Kinder für einige Augenblicke die Augen und lassen sich zu einem philosophischen Thema, das vorher allen bekannt ist, einen Begriff „durch den Kopf gehen". Dieser soll dann an der Stelle, an der in der Zeichnung das Gehirn sitzt, hineingemalt werden. Anschließend wird gegenseitig erraten, an welchen Begriff die einzelnen Mitspieler und -spielerinnen gedacht haben.

Dieses Spiel lässt sich auch in ein Wettspiel umwandeln. Die Spieler und Spielerinnen können vorher beispielsweise als Regel festlegen, dass dasjenige Kind gewonnen hat, dessen gezeichneter Begriff am schwersten zu erraten war.

Eine weitere Spielvariante wäre, dass kein Begriff in den Kopf gezeichnet wird, sondern eine philosophische Frage, wie z. B.: Was heißt *glücklich sein*?

Mit den gezeichneten Fragen oder Begriffen sollte anschließend im Unterricht weitergearbeitet werden.

Das Spiel dient in erster Linie dazu, in ein philosophisches Problem wie Glück oder Wünsche einzusteigen und vorher dazu zu assoziieren.

Welcher philosophische Begriff passt nicht dazu?

Am Anfang dieses Spiels wird ein Spielleiter oder eine Spielleiterin gewählt. Diese/r schreibt mehrere Begriffe auf einen Zettel (oder in der Schule an die Tafel), die sich alle auf ein philosophisches Thema beziehen, wie zum Beispiel „Freundschaft". Ein oder zwei Begriffe aus dieser Kette passen nicht in das festgelegte Thema. Wer sie zuerst herausfindet, hat gewonnen.

Er oder sie muss allerdings noch begründen, warum diese beiden Begriffe nicht in den betreffenden philosophischen Problemkreis passen.

Beispiel für Freundschaft: Geheimnisse haben, auf einer Wellenlänge schwimmen, *sich nicht mögen*, einander helfen, *sich nicht vertrauen*.

Dieses Spiel eignet sich dazu, Modellfälle oder Wortfelder zu einem bestimmten philosophischen Thema zu überprüfen (siehe auch Kapitel 1.2). Es fördert darüber hinaus die Argumentationsfähigkeiten der Kinder (siehe auch Kapitel 1.3).

Sätze mit philosophischen Begriffen bilden

Die Kinder sammeln zu einem philosophischen Thema wie z. B. „Glück" oder „Freundschaft" Begriffe und schreiben sie auf kleine Kärtchen. Diese werden dann gemischt. Jeder zieht ein Kärtchen und bildet einen Satz mit dem Begriff, den er gezogen hat. Die Spielerinnen und Spieler entscheiden anschließend gemeinsam, ob der Satz zum Thema passt und welchen Sinn er hat.

1. Variante

Das Spiel kann auch als Wiederholungsspiel am Anfang einer Unterrichtsstunde gespielt werden. Die Schülerinnen und Schüler nennen Begriffe aus der letzten Stunde und jemand muss damit einen sinnvollen Satz bilden.

2. Variante
Es können dann zwei oder drei Begriffe genannt werden, die alle in einem sinnvollen Satz untergebracht werden sollen.

Das Spiel dient dazu, den sicheren Gebrauch von philosophischen Begriffen zu üben.

Zugeworfene Begriffe

Die Kinder sitzen im Kreis. Das Thema ist bekannt, zum Beispiel „Meine Familie". Ein Kind wirft nun einen Tennisball oder ein Taschentuch zu einem anderen Kind und sagt einen Begriff zum Thema, zum Beispiel *Bruder*. Das Kind, welches den Ball oder das Taschentuch auffängt, bildet nun einen Satz mit dem Begriff. Danach wirft es den Ball/das Taschentuch zu einem anderen Kind.

1. Variante
Es werden keine Sätze gebildet, sondern kleine Geschichten erzählt.

2. Variante
Das Kind, welches zuerst den Ball/das Taschentuch bekommt nennt einen Begriff zum Thema, z. B. *Onkel* zum Oberbegriff „Familie". Das nächste Kind, das den Ball/das Tuch erhält, muss nun einen Begriff/einen Ausdruck nennen, der mit dem letzten Buchstaben des vorangegangenen Begriffs beginnt und ebenfalls zum Thema gehört, zum Beispiel *Liebe*. Jetzt könnte das dritte Kind sagen: *Einander helfen*.

Diese Variante sollte erst ab 10 Jahren gespielt werden.

Das Spiel dient dazu, den sicheren Gebrauch von philosophischen Begriffen spielerisch zu üben.

Oberbegriffe suchen

Zu einem bekannten Thema wie beispielsweise „Familie“ werden Gegenstände mit in die Schule gebracht. Die Kinder bilden kleine Gruppen und verteilen die Gegenstände auf die Gruppen. Danach erhalten sie die Aufgabe, die erhaltenen Gegenstände zu ordnen. Dazu müssen sie sich in der Gruppe verständigen, nach welchen Merkmalen die Gegenstände geordnet werden sollen, zum Beispiel: nach Farbe, Größe oder Funktion.

Anschließend werden die geordneten Gegenstände vorgestellt. Danach kann darüber nachgedacht werden, welche Gegenstände, die nicht mitgebracht wurden, zu diesen geordneten Gruppen passen würden. Im weiteren Gespräch sollte herausgearbeitet werden, welche Funktion die betreffenden Gegenstände für die Familie (oder einen anderen Bereich) haben: Was braucht ihr ... (z. B. bei euch zu Hause) und warum?

Das Spiel dient dazu, das Kategorisieren von Gegenständen nach Begriffen zu üben.

Einen Begriffs-Rahmen entwerfen

(nach einer Spielidee von Sina Gerber und Carla Rudat)

Für dieses Spiel benötigen die Kinder pro Spieler und Spielerin eine Schere/Stifte/ein Blatt Papier mit folgender Aufteilung:

Der zu behandelnde philosophische Begriff bzw. ein passendes Bild wird in das innere Feld 1 gemalt/geschrieben, beziehungsweise ist schon vor Beginn des Spiels von der Spielleiter/in oder von der Lehrerin/dem Lehrer eingefügt worden.

Nun werden alle Mitspieler aufgefordert, für sich das Feld 2, also den Rahmen, mit Assoziationen oder Situationen zu füllen, entweder in Form von Wörtern oder durch gezeichnete Symbole.

Nach 15 Minuten (oder einer anderen, vorher festgelegten Zeit) wird das Feld 1 ausgeschnitten und mit einem Mitspieler oder einer Mitspielerin getauscht. Jetzt gibt es verschiedene Möglichkeiten: So können die Spieler sich beispielsweise gegenseitig ihre „Rahmen“ erklären, können aber auch raten, nachfragen, kritisieren und überlegen, ob der „Rahmen" des Anderen auch für sie passend wäre.

Anschließend sollten sich alle Mitspieler auf einen gemeinsamen, größeren „Rahmen" für ihren Begriff einigen und dieser kann dann ebenso individuell oder gemeinsam an der Tafel angefertigt werden.

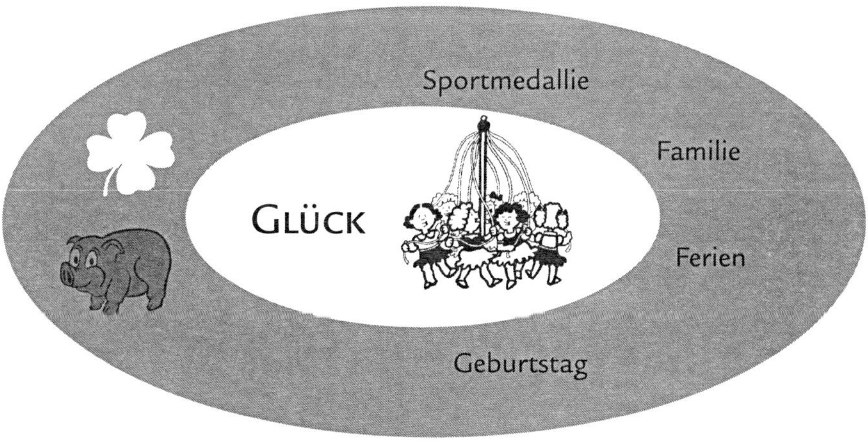

Beispiel: Der Begriff *Glück* soll geklärt werden, in Feld 1 steht „Glück", beziehungsweise es ist ein glückliches Kind oder ähnliches abgebildet. In Feld 2 können jetzt Stichpunkte geschrieben oder Bilder zum Thema „Glück" gemalt werden; es kann aber auch eine Situation, die für den Spieler mit Glück zu tun hat, als Ganzes darum herumgemalt werden.

1. Variante

Das Grundspiel kann umgekehrt werden, indem der Spielleiter den Spielerinnen und Spielern mehrere „Rahmen" überreicht, bei denen Feld 1 jeweils ausgeschnitten wurde. Im Feld 2 befinden sich mehrere Gegenstände oder Begriffe. Die Kinder sollen den dazugehörigen Begriff in Partnerarbeit oder im Plenum herausfinden.

Für den Unterricht bedeutet dies: Das philosophische Thema ist allen Kindern bekannt. Zu diesem Thema gibt der Lehrer/die Lehrerin wichtige philosophische Begriffe vor.

2. Variante

Es wird eine konkrete Situation vorgegeben und mit einer bestimmten Fragestellung verbunden. Diese Situation ist in Feld 1 dargestellt (gemalt/geschrieben). Jeder Spieler bekommt ein Blatt, auf dem dieses Feld 1 abgebildet ist. Nun kann zuerst ein kurzes Meinungsbild zu der gezeigten Szene eingeholt werden, es kann aber auch gleich mit dem Spiel begonnen werden. Hierfür werden vom Spieleiter/der Spielleiterin unterschiedliche „Rahmen"(-bedingungen) ausgeteilt, welche die Situation in Feld 1 in jeweils unterschiedliche Kontexte setzen, beziehungsweise sie aus unterschiedlichen Positionen („fremder Blick", siehe Kapitel 1.5) beleuchten.

Nun erklären sich die Mitspieler gegenseitig die Situation aus dem jeweiligen Kontext/der jeweiligen Position heraus, welche ihnen vom „Rahmen" gezeigt wird und beziehen sie auf die Fragestellung:

- Was fällt auf?
- Was denkt Ihr?
- Was wäre noch als „Rahmen" denkbar?
- Gibt es immer nur einen „Rahmen"?

Wichtig ist, dass es mehrere Möglichkeiten gibt, ein und dieselbe Situation zu betrachten, je nachdem, was ein Kind noch über sie weiß, wie jemand darauf blickt und was ein Kind selbst denkt.

Beispiel: „Darf man Essen wegwerfen?" Auf Feld 1 ist eine Person abgebildet, die Speisen wegwirft. Den „Rahmen" bilden die unterschiedlichen Kontexte oder Positionen. So kann auf einem „Rahmen" stehen, dass das weggeworfene Essen schlecht war. Auf einem anderen, dass die betreffende Person das Essen nicht mochte. Auf dem nächsten ist eine Familie mit zu wenig Essen abgebildet oder zum Beispiel die Sicht eines Lebensmittelhändlers, der Tiere oder von Außerirdischen.

3. Variante

Der Spielleiter teilt die Spieler und Spielerinnen in Gruppen ein und gibt jeder Gruppe ein anderes Thema zur Bearbeitung. Eine weitere Idee ist es, zu einem Begriff auch falsche „Rahmen" unter die richtigen zu mischen. Nun würden die Spieler und Spielerinnen versuchen, einen Kontext zwischen Begriff und „Rahmen“ zu bilden, was vielleicht auch gelingt, oder aber den falschen „Rahmen“ entlarven und aussortieren.

Dieses Spiel dient vor allem der Einführung in ein neues, den Spielerinnen und Spielern noch unbekanntes philosophisches Thema. Es kann schnell und ohne großen Aufwand und besonderes Zubehör gespielt werden und ist dabei sehr variabel.

Wörter zusammensetzen

Die Kinder bilden kleine Gruppen. Zu einem vorgegebenen Thema wie zum Beispiel „Natur“ sagt jemand aus der Gruppe einen Begriff: *Baum*. Nun müssen die Mitspielerinnen und Mitspieler in einer vorgegebenen Zeit, die mit einer Sanduhr angezeigt werden kann, so viele zusammengesetzte Begriffe wie möglich suchen:

- Apfel ***baum***
- *Baum* krone
- *Baum* rinde
- *Baum* stamm
- ...

Anschließend werden die Begriffe vorgelesen, und jedes Kind erhält für jeden gefunden Begriff einen Punkt. Danach darf die- oder derjenige mit den meisten Punkten aus der ersten Runde den nächsten Begriff nennen.

Eine mögliche Weiterführung des Spiels könnte darin bestehen, dass sich am Schluss jeder Spieler und jede Spielerin einen Lieblingsbegriff aussucht und dazu eine Geschichte schreibt oder ein Bild malt.

Das Spiel hat die Funktion, zu einem philosophischen Thema ein differenziertes Begriffsfeld zu erarbeiten.

Verbindungen zwischen Begriffen herstellen

An diesem Spiel sind mindestens drei Spieler/innen beteiligt. Die ersten beiden Spieler/innen nennen jeweils einen Begriff zu einem vorgegebenen Thema, beispielsweise die Begriffe *Familie* und *Regeln* zum Thema „In verschiedenen Gemeinschaften leben".

Der dritte Spieler bzw. die dritte Spielerin muss nun eine Verbindung zwischen den beiden Begriffen herstellen. Im vorgegebenen Fall wäre eine solche Verbindung, dass in jeder Familie bestimmte Regeln gelten, die eingehalten werden müssen.

Weitere Beispiele sind:

- Mensch und Tier zum Thema „Natur"
- Wahrheit und Lüge zum Thema „Gut und Böse"
- Wünsche haben und Ziele erreichen zum Thema „Glück"
- Bester Freund/beste Freundin und Geheimnisse erzählen zum Thema „Freundschaft"
- Vergangenheit und Zukunft zum Thema „Zeit"

Das Spiel hat die Funktion, Kinder anzuregen, Zusammenhänge zwischen den Begriffen eines philosophischen Themenbereichs herzustellen.

Gegenbegriffe finden

Ein Mitspieler oder eine Mitspielerin nennt einen philosophischen Begriff, z. B. *schön*. Nun kommt es darauf an, so schnell wie möglich einen entgegengesetzten Begriff zu finden. In unserem Fall wäre der Gegenbegriff *hässlich*. Wer den entgegengesetzten Begriff zuerst gefunden hat, nennt einen neuen Begriff.

Bei diesem Spiel sollten auch Begriffe gewählt werden, zu denen sich nicht so leicht ein entgegengesetzter finden lässt. Also nicht nur Glück und als Gegenbegriffe *Unglück* oder *Leid* sondern auch Begriffe wie z. B. *Pflicht* oder *Gott* oder *Rat*.

Zusatzvariante
Mit den entgegengesetzten Begriffen kann nun in Partnerarbeit ein Dialog geführt werden, z. B.: „Recht trifft Unrecht". Wie bzw. worüber könnten die beiden miteinander reden? (siehe auch Kapitel 5.2).

Das Spiel soll die Fähigkeit der Kinder entwickeln, Begriffe von Gegenbegriffen zu unterscheiden und dadurch den Bedeutungshorizont abzugrenzen.

Neue philosophische Begriffe kreieren

Im täglichen Leben werden wir oft aufgefordert, ein Problem zu definieren und zu sagen, was für uns das Wesentliche und Originäre daran ist. Wir müssen herausfinden, was eine Sache zu der macht, die sie ist, indem wir *wesentliche von unwesentlichen Merkmalen unterscheiden.*

In diesem Spiel soll der kreative Umgang mit Sprache entwickelt werden, indem wir neue philosophische Begriffe für geläufige Begriffe erfinden, uns also originäre Neuschöpfungen ausdenken. Diese sind jedoch mit den alten Begriffen insofern verbunden, als die Neuschöpfungen auf den ursprünglichen Begriffen aufbauen. Wir müssen uns dabei im Voraus überlegen, welches das wichtigste Merkmal an dem alten Begriff ist. Dieses müssen wir in den neuen Begriff übernehmen.

Zur Vorbereitung der Neuschöpfung von Begriffen dient das Akrostichon (der zerlegte Begriff). Ein Spieler oder eine Spielerin nennt zu einem ausgewählten philosophischen Thema wie z. B. „Sprechen und Denken" einen Begriff, der in Zusammenhang mit diesem Thema steht. Die Anderen schreiben diesen Begriff in die einzelnen Buchstaben zerlegt untereinander auf einen Zettel. Sie suchen nun Begriffe, deren Anfangsbuchstaben von oben nach unten gelesen, den geschriebenen Begriff ergeben, z. B. *Freunde*:

F eiern
R eden
E rlebnisse haben
U nsinn machen
N ähe
D enken
E ntdeckungen

1. Variante

Der zerlegte Begriff kann auch zum eignen Namen angewendet werden:

N eugierig
I interessiert
N achdenklich
A lbern

2. Variante

Zum Namen eine Freundes/einer Freundin kann auch ein Spruch geschrieben werden.
Diese Variante gilt ab 10 Jahren:

T ue
A alles
B ehutsam
E nergisch und
A nständig

3. Variante

Die Buchstaben des eigenen Namens oder des Namens von Freunden können auch in einem Rätsel erscheinen:

Unter einer **T**anne war Schatten. **A**ber die Hitze war an diesem Tag **b**esonders stark, so dass viele **E**imer mit Wasser bereit standen, um den Baum am **A**bend zu gießen, denn das trockene Wetter macht auch den Bäumen große Probleme.

Beim Gießen am Abend war auch **Tabea** dabei.

(Hier muss nun der gesuchte Name eingesetzt werden.)

Wer erfindet einen neuen Begriff?

Zu Beginn des Spiels werden kleine Gruppen gebildet. Ein Kind nennt einen Begriff, wobei vorher ein bestimmtes philosophisches Thema festgelegt werden sollte. Zum Thema „Natur" passt beispielsweise der Begriff *Mensch*. Nun müssen alle versuchen, sich in einer festgelegten Zeit neue Begriffe für diesen Begriff auszudenken, die wesentliche Merkmale des alten enthalten. Dabei lassen sich verschiedene Schwierigkeitsgrade festlegen:

1. Es werden ein bis drei wichtige Begriffe gesucht, durch die der Begriff neu charakterisiert werden kann, z. B. ein Mensch ist ein *denkender Zweibeiner*.

2. Es wird ein zusammengesetzter Begriff des Menschen als neuer Begriff gesucht, z. B. *Vernunftwesen*.

3. Es wird ein völlig neuer Begriff für *Mensch* ausgedacht, z. B. *Denksaurier*.

Der- oder diejenige, welcher die meisten neuen Begriffe in einer oder allen drei Varianten gefunden hat, ist Sieger bzw. Siegerin. Die Varianten sollten anschließend in der Klasse vorgestellt werden.

Bei diesem Spiel müssen die Kinder darauf achten, dass die neuen Begriffe alle wichtigen Eigenschaften des ursprünglichen Begriffs enthalten. Vor Beginn des Spiels sollte ein Spielleiter oder eine Spielleiterin bestimmt werden, der oder die darüber entscheidet, ob die neuen Begriffe alle wichtigen Eigenschaften des alten Wortes enthalten.

Das Spiel sollte erst ab 10 Jahren gespielt werden.

Sich neue Namen geben

Dieses Spiel könnte eine Vorbereitung auf das Spiel „Neue Begriffe erfinden“ sein; es hat aber auch einen eigenen spielerischen Wert.

1. Runde
Die Kinder bilden kleine Gruppen. Sie schrieben ihre Namen auf ein Kärtchen. Jeder in der Gruppe zieht nun den Namen eines anderen Kindes und überlegt sich, welchen Zusatz er dem Namen des anderen Kindes geben könnte, d. h., er oder sie muss eine typische Eigenschaft oder Angewohnheit des anderen Kindes als Namenszusatz hinzufügen, zum Beispiel:

der schnelle Paul	die hilfsbereite Inga
der neugierige Jakob	die singende Susanne

Vor dem Spiel sollte gesagt werden, dass nur „positive Eigenschaften“ ausgewählt werden dürfen.

Wenn sich die Kinder die Namen ausgedacht und auf ein Kärtchen geschrieben haben, sollte darüber diskutiert werden, warum gerade diese (und keine andere) Eigenschaft als Namenszusatz gewählt wurde.

2. Runde
Die Kinder ziehen ein Kärtchen mit den Namenszusätzen, zum Beispiel die „singende Susanne“. Sie überlegen sich nun, wie der kombinierte Name durch einen völlig neuen ersetzt werden könnte, zum Beispiel :

die singende Susanne	Melodie

3. Runde

Jedes Kind versucht nun, seinen eigenen Namen durch ein (gezeichnetes) Symbol zu ersetzen. Anschließend werden die Symbol-Namen in einen Kreis gelegt und erraten.

In einem sokratischen Gespräch könnte dann die Frage gestellt werden: Was wäre, wenn wir anstelle von Namen Symbole hätten, die hinten auf unserem Rücken festgeklebt sein würden?

Das Spiel dient dazu, kreativ mit dem eigenen Namen und den Namen von anderen Kindern umzugehen.

Philosophische Reime finden

Das folgende Spiel sollte in Partnerarbeit gespielt werden. Die Kinder kennen das philosophische Thema, zum Beispiel „Freundschaft". Sie sollen nun zu diesem Thema gemeinsam Gedichte aus mehreren Zweizeilern in Reimen entwerfen. Jemand beginnt mit der ersten Zeile; danach folgt die zweite Zeile, deren letztes Wort sich mit dem letzten Wort der ersten Zeile reimen muss. Anschließend wird mit dem nächsten Zweizeiler fortgesetzt. Das Gedicht ist fertig, wenn die Partner das Gefühl haben, einen Gedanken zu Ende gedacht zu haben.

Ohne einen Freund zu sein,
da fühle ich mich so allein.

Die Welt erscheint mit grau und leer,
ich habe keine Freude mehr.

Drum brauch ich dich, mein lieber Freund,
weil nur mit dir die Sonne scheint.

Das Spiel dient dazu, kreative Gedanken zu einem philosophischen Thema zu entwickeln.

Stichwort-Philosophie

Dieses Spiel eignet sich als Gruppenspiel. Jedes Kind schreibt zu einem philosophischen Thema wie „Glück" ein Stichwort auf einen Zettel: zum Beispiel *Wünsche*. Die Stichwörter werden in der Gruppe vorgelesen. Anschließend übernimmt jeder Spieler/jede Spielerin die Stichwörter der anderen Kinder auf den Zettel und denkt sich mit allen aufgeschriebenen Wörtern eine Geschichte oder ein Gedicht zum Thema aus. Anschließend werden die Ergebnisse in der Gruppe vorgestellt.

Zusatzvariante

Eine Variante könnte sein, dass die Begriffe auf Kärtchen geschrieben und dann gemischt werden. Jeder zieht ein Kärtchen und gestaltet den gezogenen Begriff mit Symbolen bzw. durch eine Zeichnung oder eine Pantomime. Diese werden anschließend erraten.

Das Spiel dient als Einstieg in ein philosophisches Thema. Im Unterricht kann dann mit den Gedanken weitergearbeitet werden: Die Gruppe könnte beispielsweise mit ihren Geschichten oder Gedichten eine Wandzeitung gestalten.

4. Argumentations- und Entscheidungsspiele

Die folgenden Spielvorschläge sollen die Kinder anregen, die Fähigkeit des Begründens zu entwickeln. Dabei geht es vor allem darum, mehrere Gründe für verschiedene Meinungen zu finden und in Diskussionen eine Einigung zu erzielen.

4.1 Argumentationsspiele

Was ist falsch?

Zwei Mannschaften werden gebildet. Die Spieler und Spielerinnen der einen Mannschaft äußern eine überspitzte Ansicht, z. B.: Menschen brauchen keine Freunde. Diese Meinung muss nun durch die Gegenmannschaft korrigiert werden, d. h., die Gegenmannschaft muss nun begründen, warum die Meinung ihrer Ansicht nach falsch ist. Für jeden richtigen Grund gibt es einen Punkt. Diejenige Mannschaft, die am Ende des Spiels die meisten Punkte gesammelt hat, ist Sieger.

Auch bei diesem Spiel ist es ratsam, die strittigen Aussagen aus einem vorher festgelegten philosophischen Themenbereich wie zum Beispiel „Freundschaft" zu nehmen,

Dieses Spiel eignet sich besonders gut, wenn Schwerpunkte einer philosophischen Unterrichtseinheit wiederholt werden sollen.

Eine Argumentationskette einfädeln

Jemand äußert eine Meinung zu einem philosophischen Problem, z. B.: Menschen brauchen Freunde. Nun muss jeder Spieler und jede Spielerin (es kann auch eine ganze Klasse sein, wobei einer nach dem Anderen an die Reihe kommt) einen Grund anführen, um diese Meinung zu stützen, wobei sich die Gründe nicht wiederholen dürfen.

> Menschen brauchen Freunde, weil ...
> ... sie nicht allein sein möchten.
> ... sie jemanden zum Zuhören brauchen.
> ... sie jemandem ihre Geheimnisse erzählen wollen.

Das Kind, das zuletzt an der Reihe ist, hat den höchsten Schwierigkeitsgrad, weil es genau zuhören muss, was die Anderen gesagt haben. Gegebenenfalls muss es sich einen neuen Grund ausdenken, wenn der vorher ausgesuchte Grund schon genannt wurde. Wenn ein Kind keinen neuen Grund mehr weiß, bricht die Kette ab.

Es ist auch möglich, dieses Spiel mit der Regel zu spielen, dass jemand, der keinen Grund mehr weiß, ein Pfand abgeben muss.

Weitere Themen für Argumentationsketten sind:

- In der Schule brauchen wir Regeln, weil ...
- Mobbing ist verboten, weil ...
- Tiere können auch glücklich sein, weil ...
- Die Natur sollte geschützt werden, weil ...
- Müll darf nicht in den Wald geworfen werden, weil ...
- Streit ist manchmal wichtig, weil ...

Dieses Spiel zeigt, dass es für philosophische Meinungen vielfältige Gründe gibt.

Wie viele Gründe lassen sich finden?

Die Kinder denken vor Beginn dieses Spiels darüber nach, auf welche wichtigen philosophischen Fragen sie bisher keine Antwort gefunden haben, z. B.: Hat der Himmel ein Ende? Warum müssen alle Menschen sterben? Warum gibt es böse Menschen auf der Welt? Die Fragen werden auf Kärtchen geschrieben. Anschließend zieht jemand eines der Kärtchen und liest die entsprechende Frage laut vor. Danach überlegt sich jedes Kind eine Antwort auf die Frage und versucht, diese schriftlich durch Gründe zu stützen. Wer die meisten Gründe gefunden hat, erhält Pluspunkte.

In diesem Spiel sollte bei jeder neuen Frage ein Spielleiter bzw. eine Spielleiterin gewählt werden. Er/Sie entscheidet darüber, ob die genannten Gründe als gute Gründe anerkannt werden.

Das Spiel hat das Ziel, Antworten auf wichtige Lebensfragen durch verschiedene Gründe zu stützen.

Das Spiel sollte ab 10 Jahren gespielt werden.

Warum ... Weil ...

Zu einem bestimmten philosophischen Thema, das vorher bekannt gegeben wird, schreibt jedes Kind eine Frage auf ein Kärtchen, die mit „Warum“ beginnt, z. B. zum Thema „Gut und Böse“: Warum gibt es böse Menschen auf der Welt?

1. Runde

Die Kinder bilden kleine Gruppen und mischen die Kärtchen. Danach zieht jedes Mitglied der Gruppe ein Kärtchen und beantwortet die Frage auf dem Kärtchen schriftlich auf der Rückseite mit „Weil ...“.

2. Runde

Die Kärtchen werden dann wiederum gemischt. Jedes Gruppenmitglied zieht ein Kärtchen und liest die Frage und den dazugehörigen Grund vor.

Anschließend wird gemeinsam beraten, ob der genannte Grund überzeugend ist oder nicht.

Das Spiel hat das Ziel, das Fragenstellen zu philosophischen Themen zu üben und die Fähigkeit des Begründens zu entwickeln.

Es sollte erst ab 10 Jahren gespielt werden.

Verteidigungsrede

Dieses Spiel bereitet jedes Kind für sich selbst vor. Die Aufgabe wird wie folgt gestellt: Stell dir vor, jemand beschuldigt dich, etwas Verbotenes getan zu haben, zum Beispiel, jemandem die Federtasche weggenommen oder im Supermarkt einen Schokoriegel geklaut zu haben.

1. Runde

Die Kinder sollen nun drei Gründe aufschreiben, warum sie das nicht gemacht haben können:

1. Grund: Ich war zu dem Zeitpunkt (als die Federtasche weggekommen ist) nicht im Klassenzimmer.
2. Grund: Ich habe selbst eine sehr schicke Federtasche.
3. Grund: Die Lehrerin, Frau Meier, hat mich auf dem Schulhof gesehen.

2. Runde

Es wird eine „Gerichtsverhandlung" im Klassenzimmer inszeniert. Jemand ist der Richter, ein anderes Kind der Ankläger und ein drittes Kind der oder die Angeklagte, der oder die nun seine/ihre Argumente vorbringt.

3. Runde

Der Richter/die Richterin muss ein Urteil sprechen, das anschließend in der Klasse diskutiert werden sollte.

Mögliche Themen für schwierige Fälle aus dem Bereich „Gut und Böse" wären:

- Diebstahl von persönlichen Dingen (Federtasche, Radiergummi, Rucksack)
- Schmierereien an Schulwänden
- Beschädigung von Fahrrädern
- Kritzeleien in Heften von Mitschülerinnen und Mitschülern
- Verbreiten von Unwahrheiten über Mitschülerinnen und Mitschüler
- Beschädigung von Spielgeräten auf dem Schulhof
- Abpflücken von Blumen im Schulgarten
- Anstiftung zur Prügelei
- Petzen

Durch dieses Spiel kann der Umgang mit gut überlegten Argumenten zum Zwecke der Verteidigung gelernt werden.

Es sollte ab 10 Jahren gespielt werden.

4.2 Entscheidungsspiele

Schwierige Entscheidungen treffen

Vor dem Spiel überlegt sich jedes Kind eine komplizierte ethische Situation, in der es schwer war, eine Entscheidung zu treffen, z. B.: Soll ich den Eltern erzählen, dass ich heimlich Fernsehen geguckt habe oder nicht? Danach wird gewürfelt. Wer als Erste/r eine Eins würfelt, erzählt seine schwierige Situation. Das nächste Kind, das eine Sechs würfelt, muss eine Entscheidung treffen. Und danach muss der oder die nächste Würfler/in so viele Gründe für diese Entscheidung nennen, wie die Zahl auf seinem Würfel anzeigt, wobei ein vorher gewählter Spielleiter oder Spielleiterin darüber entscheidet, ob es überzeugende Gründe sind oder nicht.

Für jeden guten Grund wird ein Punkt vergeben. Wer am Schluss des Spiels die meisten Punkte gesammelt hat, ist Sieger bzw. Siegerin.

Dieses Spiel ist zur Hälfte ein Glücksspiel und zur anderen Hälfte ein Argumentationsspiel. Es kombiniert die Lust am Spiel mit der Fähigkeit zu argumentieren.

Philosophische Streitgespräche führen

Zu Beginn des Spiels wird ein wichtiges philosophisches Problem an die Tafel geschrieben, beispielsweise: Darf ich manchmal auch lügen?

Zur Vorbereitung ihrer Entscheidung können sich die Kinder in vier Ecken des Raumes verteilen (die Bezeichnungen für die Ecken werden entweder an die Tafel geschrieben oder mit Zetteln in den entsprechenden Ecken angepinnt):

Zwei Beobachter/innen notieren an der Tafel die Ecken-Verteilung. Danach beginnt die eigentliche Diskussion in der Klasse oder Gruppe, wobei begründet werden soll, warum jemand in eine bestimmte Ecke gelaufen ist.

Zusatzvariante
Anstelle der Eckenverteilung können auch (beispielsweise im Freien) Kreise mit entsprechenden Farben aufgezeichnet werden. Ein roter Kreis bedeutet „ja“, ein grüner Kreis „eher ja“, ein blauer Kreis bedeutet „nein“ und ein gelber Kreis „eher nein“. Die Kinder müssen sich bemühen, alle in dem betreffenden Kreis zu bleiben, auch wenn der Andrang groß ist. Dabei wird gleichzeitig die Körperbeherrschung geübt.

Das Spiel dient dazu, Entscheidungen vorzubereiten und anschließend zu begründen.

Philosophisches Twister (nach einer Spielidee von Julia Kieck)

Vor Beginn des Spiels wird ein selbst bemaltes Bettlaken auf dem Boden ausgebreitet oder es werden die Felder draußen mit Kreide (abwaschbar) bzw. mit Farbe (dauerhaft) auf den Boden aufgemalt. Im Original hat das Twister-Spiel 4 x 6 Kreise mit einem Durchmesser von jeweils ca. 15 Zentimetern. Die Farben sind in Längsreihen angeordnet, mit der Reihenfolge grün, gelb, blau, rot. Gestaltet man das Spielfeld selber, können die Anzahl und die Größe der Kreise, sowie die Anordnung je nach Belieben variiert werden.

Darüber hinaus muss sich der Spielleiter/die Spielleiterin im Vorfeld verschiedene Fragen oder Aussagen zu einem oder mehreren philosophischen Themen überlegen, welche die Kinder mit „ja" – „nein" – „eher ja" – „eher nein" beantworten können. Sinnvoll ist es, sich pro Spiel zu dem Thema Fragen zu überlegen, über das man im Anschluss mit den Kindern das Gespräch führen möchte. Der Anspruch der Fragen ist je nach Altersstufe zu wählen.

Mögliche Fragen aus dem Bereich „Glück“ sind zum Beispiel:

- Ist Glück für dich, eine Menge Geld zu haben?
- Brauchst du Freunde, um glücklich zu sein?
- Ist Glück für dich im Leben besonders wichtig?
- Kannst du immer glücklich sein?

Je nach Größe des Spielfeldes können unterschiedlich viele Kinder teilnehmen, bei dem Standardfeld ca. 3–5. Zunächst muss festgelegt werden, welche Farbe welcher Antwort gleichgesetzt ist, z. B. grün = ja, gelb = eher ja, rot = nein, blau = eher nein.

1. Runde

Der Spielleiter/die Spielleiterin (Lehrer/Lehrerin) liest nun die erste Frage vor, woraufhin sich die Kinder innerhalb einer bestimmten Zeit, z. B. drei Sekunden, für eine Antwort entscheiden müssen und einen Fuß oder eine Hand auf ein entsprechendes Farbfeld setzen. Der Spielleiter/die Spielleiterin liest jetzt seine/ihre weiteren Fragen vor, woraufhin die Kinder ihre anderen Hände und Füße setzen müssen.

2. Runde

Wenn alle Hände und Füße gesetzt sind, darf begonnen werden sich umzusetzen, d. h., die Kinder dürfen ihre Entscheidungen noch einmal überdenken. Kann sich ein Kind in der vorgegebenen Zeit nicht entscheiden oder fällt es um, scheidet es aus. Das Umsetzen kann so lange dauern, bis nur noch ein Kind übrig geblieben ist. Zieht sich das Spiel zu lange hin, kann vorher abgebrochen werden.

Wichtig ist, dass im Anschluss an das Spiel ein sokratisches Gespräch geführt wird.

Um die Antworten der Kinder auswerten und als Grundlage für ein sokratisches Gespräch verwenden zu können, bietet es sich an, Protokoll führen zu lassen. Darin sollte vermerkt werden, wie ein Kind auf eine Frage geantwortet hat.

Eine Auswertung ist sinnvoll, um zu vermeiden, dass die Kinder Fuß oder Hand an eine für sie einfache Position setzen ohne auf die Fragestellung einzugehen.

Hinterher sollten zu den einzelnen Fragen Gründe für die jeweiligen Positionen eingefordert werden.

Das Spiel dient dazu, sich begründet für bestimmte Antworten zu entscheiden und außerdem zu lernen, seinen Körper zu beherrschen.

Dafür oder dagegen (nach einer Spielidee von Julia Kieck)

Die Kinder sitzen im Kreis. Jemand äußert eine Meinung, z. B.: Menschen brauchen Freunde. Er oder sie läuft jetzt außen um den Kreis herum und tippt jemanden an. Wenn das angetippte Kind der gleichen Meinung ist, läuft es hinter ihm oder ihr her; wenn nicht, läuft es in die Gegenrichtung. Dabei tippt er wieder ein Kind an, das entweder in die Richtung des ersten Spielers/der ersten Spielerin läuft oder in die Gegenrichtung.

Das Spiel ist beendet, wenn alle Kinder angetippt wurden und in die eine oder andere Richtung gelaufen sind. Anschließend findet eine Auswertung statt: Wie viele Kinder sind in die eine Richtung gelaufen und wie viele in die andere? Warum sind sie in eine bestimmte Richtung gelaufen?

Das Spiel soll dazu anregen, sich zu positionieren und anschließend Gründe dafür zu benennen.

Der Schnellste gewinnt (nach einer Spielidee von Dennis Koegst)

Für dieses Spiel werden 32 Karten (normales Skatblatt), Würfel und eine Stoppuhr benötigt. Die Kinder bilden kleine Gruppen. Den Ausgangspunkt des Spiels bildet eine schwierige Frage, wie zum Beispiel: Kann auch ein Hund ein Freund sein? Wichtig ist, dass die Kinder Pro- und Kontra-Argumente finden und zwar in einem zeitlich begrenzten Rahmen. Zu Beginn wird ein/e Spielleiter/in ermittelt, welche/r die Aufgabe hat, die Zeit zu stoppen.

Jeweils zwei bis vier Kinder bilden eine Gruppe. Danach werden 32 Karten ausgeteilt und verdeckt auf den Tisch gelegt. In der ersten Runde würfelt jeder einmal um die höchste Augenzahl, damit festgelegt werden kann, wer beginnt. Wer die niedrigste Augenzahl würfelt, ist zuletzt an der Reihe. Der oder die Erste nimmt zu Beginn eine verdeckte Karte vom Kartenstapel und legt sie offen auf den Tisch.

Wenn es eine Herz- oder Karokarte ist, so hat er oder sie die Aufgabe, ein Pro-Argument zu finden. Eine Pik- oder Kreuzkarte bedeutet hingegen die Suche nach einem Kontra-Argument.

Dabei entscheidet das Augenblatt der Karte über die Zeit, die zur Bewältigung der Aufgabe zur Verfügung gestellt wird.

Zeitskala:

Ass = 14 Sekunden	10 = 10 Sekunden
König = 13 Sekunden	9 = 9 Sekunden
Dame = 12 Sekunden	8 = 8 Sekunden
Bube = 11 Sekunden	7 = 7 Sekunden

Findet ein Kind innerhalb des Zeitfensters ein passendes Argument, darf es die Karte auf seinen Platz legen. Gelingt es ihm nicht, so wird sie wieder unter den Stapel gelegt. Anschließend darf der nächste Spieler oder die nächste Spielerin eine Karte ziehen.

Sieger/in ist der- oder diejenige, der/die am Schluss die meisten Karten gesammelt hat.

Das Spiel kann auch ohne Zeitfenster gespielt werden. Dann müssen die Gruppenmitglieder gemeinsam entscheiden, wie lange jemand Zeit hat, um ein Argument zu finden.

Das Spiel dient dazu, unter Zeitdruck Pro- und Kontra-Argumente zu sammeln, auch wenn sie nicht der eigenen Position entsprechen (die Karten entscheiden darüber, ob jemand ein Pro- oder ein Kontra-Argument vortragen muss).

Das Spiel sollte erst ab 10 Jahren gespielt werden.

Der Ballon der Kinderrechte

Die dem folgenden Spiel sollten ungefähr acht bis zehn Kinderrechte aus der UN-Konvention über die Rechte des Kindes vorgegeben werden, wie zum Beispiel:

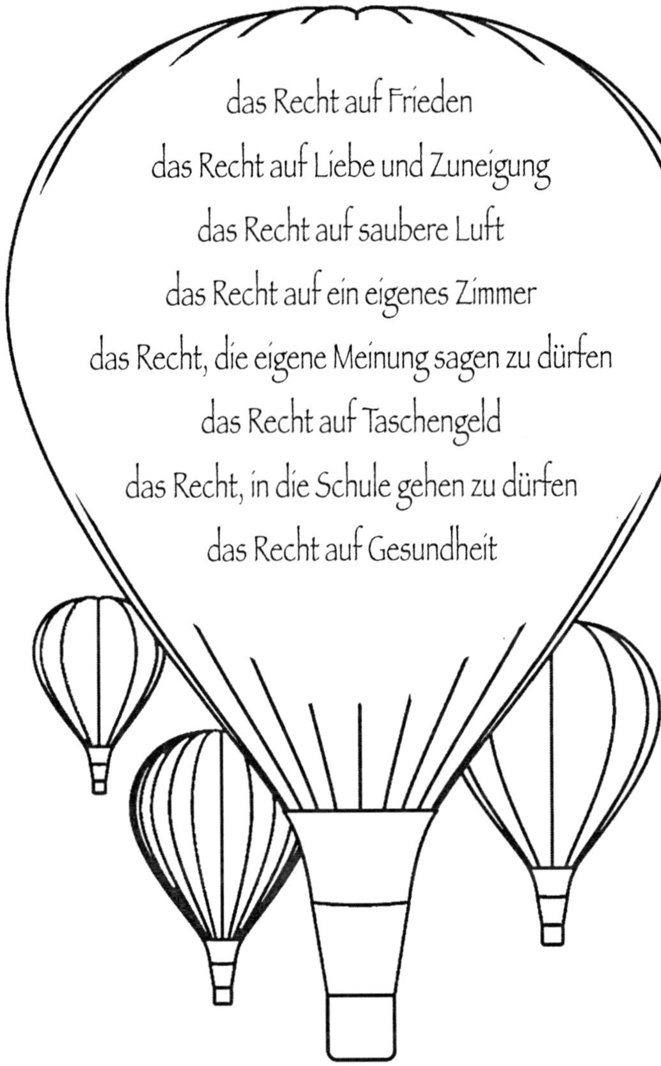

Die Kinder bilden kleine Gruppen. Sie stellen sich vor, dass sie in einem Ballon mit den Kinderrechten sitzen. Plötzlich verliert der Ballon an Höhe. Damit er nicht abstürzt, müssen nach und nach verschiedene Kinderrechte abgeworfen werden, bis zum Schluss nur noch ein Recht übrig bleibt. Die Kinder sollen deshalb eine Rangfolge der Rechte aufstellen und diese begründen: Welches Recht soll zuerst abgeworfen werden und warum? Welches Recht wird bis zum Schluss aufbewahrt und warum soll gerade dieses Recht bis zum Schluss aufbewahrt werden? Jeder in der Gruppe muss nun den Anderen davon überzeugen, dass gerade dieses Recht wichtig ist und nicht abgeworfen werden kann.

Im Anschluss an die Arbeit in den Gruppen sollten die einzelnen Ranglisten vorgestellt und diskutiert werden.

Bei diesem Spiel wird geübt, Entscheidungen argumentativ zu begründen sowie sprachliches Durchsetzungsvermögen zu entwickeln. Rhetorisches Geschick kann dabei auch eine Rolle spielen.

Das Spiel sollte erst ab 10 Jahren gespielt werden.

Das Königsspiel

Dieses Spiel verfolgt das Ziel, zu schwierigen Themen, wie zum Beispiel dem Töten von Tieren, um sich von Fleisch zu ernähren, vernünftige Argumente dafür oder dagegen zu finden.

Dazu wird die Klasse in eine linke und eine rechte Hälften geteilt: Die linke Hälfte soll unabhängig von ihrer persönlichen Meinung Argumente dafür vorbringen und die rechte Hälfte Argumente dagegen. Vor der Klasse werden drei Stühle aufgestellt. In der Mitte sitzt der König oder die Königin. Überzeugt ihn/sie ein Pro-Argument der rechten Hälfte, dann rückt er/sie nach rechts. Überzeugt ihn/sie ein Gegenargument der linken Hälfte, dann rückt er/sie ganz nach links. Nach einiger Zeit trifft der König/die Königin eine Entscheidung und zeigt diese an, indem er/sie sich auf den Stuhl in der Mitte setzt. Der König/die Königin fällt eine Entscheidung und erklärt, ob eher die Pro- oder die Kontra-Argumente überzeugend waren. Die Meinung des Königs/der Königin ersetzt nicht ein anschließendes sokratisches Gespräch über das Problem. Als Hilfestellung für das Gespräch könnten beispielsweise einige Pro- und Kontra-Argumente an der Tafel notiert werden.

Beispiel für das Königsspiel
Stellt euch vor, ihr seid ein König und müsst über einen schwierigen Streitfall entscheiden. Wer soll für die Rettung des Königssohns eine Belohnung bekommen? Zeugen berichten dem König, was sie in einiger Entfernung gesehen haben: In einem See strampelte ein etwa zehnjähriger Junge wild mit den Beinen, winkte mit den Armen und gab unverständliche laute Töne von sich. In der Nähe des Ufers, so berichteten die Zeugen weiter, waren gerade zwei Personen: ein Rollstuhlfahrer und ein Jogger. Der Rollstuhlfahrer fuhr sofort ans Ufer, nahm einen Ast und versuchte dem Jungen zu helfen, schaffte es aber nicht. Der Jogger dagegen tat zuerst so, als ob er nichts gesehen und gehört hätte. Als der Junge aber rief: „Hilfe, ich bin der Königssohn!" sprang er sofort ins Wasser und zog den Jungen an Land.

Wer von beiden hat nun eine Belohnung verdient, der Rollstuhlfahrer oder der Jogger? Wie würdet ihr euch an Stelle des Königs entscheiden?

Das Spiel soll insbesondere den Perspektivenwechsel üben und die Kinder anregen, auch Argumente für eine Meinung zusammenzutragen, die nicht der eigenen Sichtweise entsprechen.

Das Spiel sollte erst ab 10 Jahren gespielt werden.

Was soll gebaut werden?

Die Kinder erhalten drei Vorschläge, z. B.: Der Stadtrat hat von einem reichen Unternehmer zusätzliches Geld von 10 Millionen Euro erhalten. Das Geld soll dazu verwendet werden, etwas für Kinder zu tun. Es wird jedoch nur dann ausgezahlt, wenn sich die Parteien im Stadtrat einstimmig auf ein gemeinsames Projekt einigen. Zur Diskussion stehen: eine Eisdiele, eine Skaterbahn und ein neues Erlebnisbad.

Zur Entscheidungsfindung werden verschiedene Gruppen/Parteien gebildet. Der Ablauf gestaltet sich wie folgt:

a) Sie sollen in der Gruppe festlegen, wofür das Geld verwendet werden soll und dafür Gründe aufschreiben.
b) Anschließend werden im Plenum in Form einer Stadtratssitzung die verschiedenen Vorschläge diskutiert, wobei versucht werden soll, einander zu überzeugen. Die Sitzung sollte vom Präsidenten/der Präsidentin geleitet werden (dazu sollte jemand von vornherein ausgewählt werden).
c) Zum Schluss muss eine einstimmige Entscheidung gefunden werden.

Das Spiel übt die Fähigkeit, mit Anderen um eine gemeinsame Lösung zu ringen. Es sollte erst ab 10 Jahren gespielt werden.

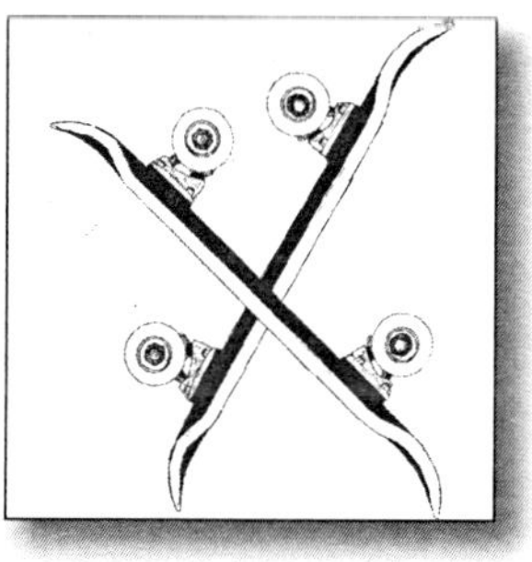

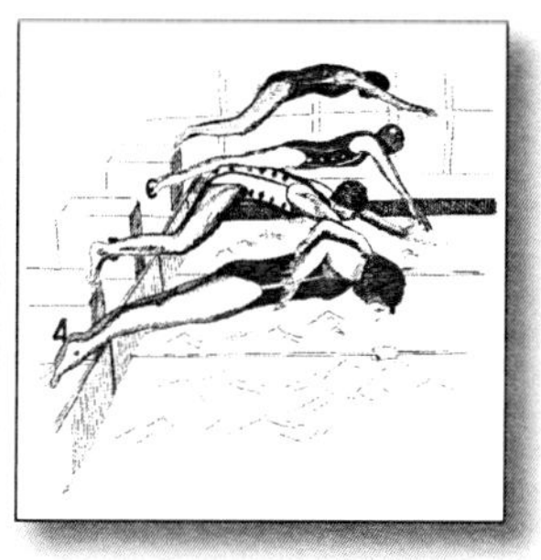

5. Kommunikationsspiele

5.1 Rollenspiele

Rollenspiele sind für Kinder wichtig, weil sie die Fähigkeit entwickeln, sich in eine andere Rolle hineinzuversetzen. Dadurch lernen Schülerinnen und Schüler, auch eine andere als nur die eigene Perspektive einzunehmen. Neben der Gestaltung inhaltlicher Probleme bildet sich auch die *Fähigkeit zur Rollenübernahme* heraus. Ein dritter Aspekt sind Spielregeln, die von allen Spielerinnen und Spielern akzeptiert werden müssen.

Für das Philosophieren mit Rollenspielen eignen sich sowohl das nonverbale als auch das verbale Rollenspiel. Beide Formen erfordern von den Kindern, sich in ihre Rolle hineinzudenken und sie mit den anderen Spielerinnen und Spielern abzustimmen.

5.1.1 Das nonverbale Rollenspiel

Diese Spielform betrifft hauptsächlich das pantomimische Gestalten und dient dazu, wesentliche Eigenschaften eines philosophischen Problems oder Begriffes durch eine Körperbewegung darzustellen.

Das nonverbale Rollenspiel fördert beim Philosophieren die Fähigkeit zur spezifischen Beobachtung, die in einem Gespräch zugunsten des verbalen Ausdrucks zurückgedrängt wird (siehe auch die Wahrnehmungsspiele in Kapitel 2 dieses Buches).

Probleme raten als Pantomime

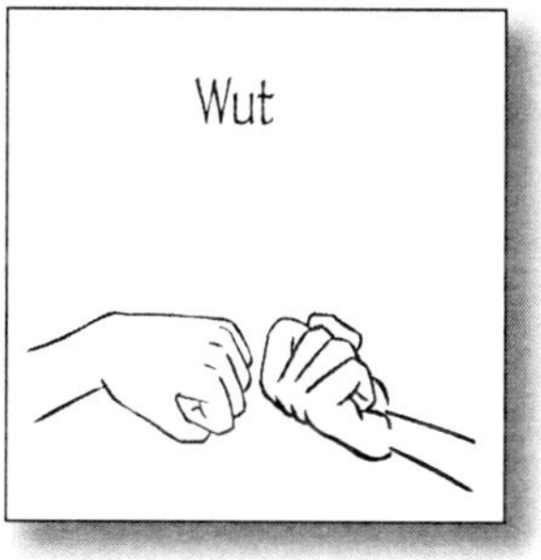

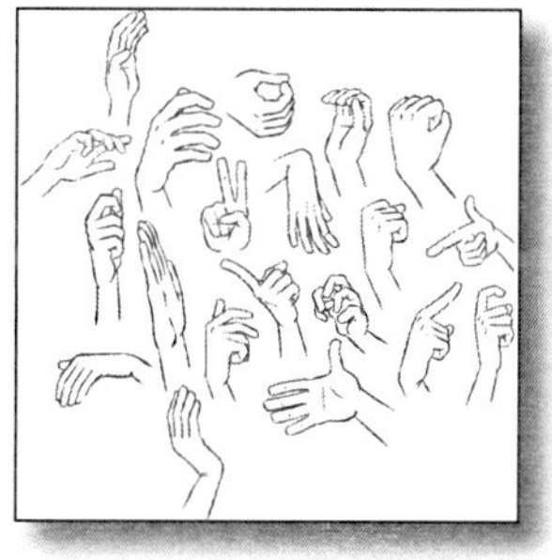

Je zwei Partner stellen mit ihren Händen als Fingerspiel ein Problem oder Thema dar. Es soll dann von den Anderen erraten werden. Vorher muss allerdings der Themenbereich stark eingegrenzt werden, z. B.: Glück, Freundschaft oder Gefühle.

Es sollte im Vorfeld darauf geachtet werden, Themen auszuwählen, die sich gut für pantomimische Darstellungen eignen.

Dieses Spiel fördert die Fähigkeit, ohne Worte zu kommunizieren.

Pantomimische Geschichten

Die Kinder bilden kleine Gruppen. Diese erhalten jeweils einen Zettel, auf dem eine bestimmte Situation zu einem vorgegebenen Thema aufgeschrieben wurde, beispielsweise zum Thema „Familie". Die Gruppen sollen nun typische Verhaltensmerkmale der Familie darstellen:

1. Gruppe: Sonntagsfrühstück in der Familie
2. Gruppe: Saubermachen
3. Gruppe: ein gemeinsamer Ausflug
4. Gruppe: Streit zwischen Geschwistern

Die Gruppen erhalten jeweils genug Zeit, eine Pantomime zu der vorgegebenen Situation einzustudieren und dann vorzuspielen; die anderen Gruppen müssen erraten, um welche Situation es sich handelt.

Nach den pantomimischen Geschichten kann ein sokratisches Gespräch zu folgenden Themen geführt werden:
- Haben die Gruppen die jeweilige Situation gut dargestellt? Warum? Warum nicht?
- Warum gestaltet sich das Zusammenleben in der Familie manchmal schwierig?

Zusatzvariante
Das Spiel kann auch so gespielt werden, dass kleine Geschichten, zum Beispiel allen Kindern bekannte Märchen, als Pantomimengeschichte erzählt werden sollen.

Das Spiel dient dazu, wesentliche Verhaltensmerkmale von Menschen in bestimmten Situationen körpersprachlich auszudrücken.

Ein Standbild bauen

Ein Standbild ist eine Pantomime in der Gruppe. Zu einem ausgewählten Thema soll ein Begriff oder ein Gefühl lediglich durch einen Körperausdruck gestaltet werden. Innerhalb der Gruppe muss jeder bei der Erstellung des Gesamtbildes eine spezielle Funktion übernehmen. So kann ein Standbild zum Thema „Natur“ z. B. mit Elementen wie Pflanzen, Tieren, Wasser, Himmel, Erde, Wind etc. ausgedrückt werden.

Das Spiel trägt dazu bei, Themen und Probleme ohne die Hilfe der Sprache als Verständigungsmittel in der Gruppe deutlich zu machen.

Einen Pantomimengeschichte darstellen

Die Kinder stehen im Kreis. Jemand erzählt zu einem bekannten philosophischen Thema wie zum Beispiel „Freundschaft“ eine Geschichte, verbal und nonverbal, d. h. begleitet durch Körperbewegungen. Alle im Kreis stehenden Kinder müssen die von ihm vorgestellten Körperbewegungen nachmachen.

Dabei wird folgendermaßen vorgegangen: Das Kind beginnt zu erzählen und führt dazu Bewegungen aus:

Ich traf meinen Freund und gab ihm die Hand – die Hand wird vorgestreckt.

Er aber wollte meine Hand nicht nehmen – die Hand wird hinter den Rücken gelegt.

Ich war sehr erstaunt darüber – die Stirn wird hochgezogen.

...

Wenn die Geschichte beendet ist, dürfen sich alle wieder in den Kreis setzen. Danach könnte ein sokratisches Gespräch folgen: Wie lässt sich das Freundschaftsproblem lösen?

Beim ersten Mal sollte das Spiel vom Lehrer/von der Lehrerin vorgestellt werden.

Das Spiel dient zur Auflockerung und zur Erarbeitung eines philosophischen Problems.

5.1.2 Das verbale Rollenspiel

Gerecht und ungerecht sein – Rollenspiel mit entgegengesetzten Begriffen

Von einem Spielleiter oder einer Spielleiterin werden philosophische Begriffspaare wie *gerecht* und *ungerecht* vorgegeben. Dazu wird eine Situation genannt, z. B.: Spielt eine Szene, in der eine Mutter ihr Kind ungerecht behandelt. Danach werden die Rollen getauscht, d. h., es wird eine Szene gestaltet, in der das Kind gerecht behandelt wird.

Dieses Spiel fördert das Vermögen, Rollen zu entgegengesetzten Begriffen zu gestalten, um dadurch unterschiedliche Begriffsbedeutungen herauszuarbeiten (siehe hierzu auch die Sprachspiele in Kapitel 3).

Regeln finden

Ein Spielleiter oder eine Spielleiterin gibt kleineren Gruppen eine bestimmte (philosophische) Situation vor, z. B.: Stellt euch vor, ihr seid eine Gruppe von Menschen auf einer einsamen Insel, weit entfernt von der Zivilisation und müsst jetzt notgedrungen zusammenleben. Welche Regeln für das Zusammenleben würdet ihr euch geben? Legt gemeinsam mindestens fünf Regeln fest und schreibt dazu Begründungen auf. Die Ideen werden anschließend im Plenum vorgetragen und ausgewertet.

Das Spiel verfolgt das Ziel, in einer fiktiven Situation begründete Entscheidungen über ein regelhaftes Zusammenleben von Menschen zu fällen.

Es sollte ab 10 Jahren gespielt werden.

Wessen Frage wird beantwortet?

Das Spiel sollte in kleinen Gruppen gespielt werden. Die Kinder schreiben in einer vorher festgelegten Zeit Fragen auf einen Zettel, auf die sie bisher noch keine zufriedenstellende Antwort gefunden haben, z. B.: Was ist Zeit? Dürfen Menschen Tiere töten? Warum müssen alle Menschen sterben?

Danach werden die Fragen vorgelesen. Diejenige Frage, die von den meisten Teilnehmern und Teilnehmerinnen genannt wurde, wird dann in den Mittelpunkt eines gemeinsamen Rollenspiels gestellt.

Dieses Spiel trägt dazu bei, eine breite Basis für eine anschauliche Gestaltung schwieriger (philosophischer) Fragen in einem Rollenspiel zu schaffen.

Auf wen zeigt die Flasche?

Die Kinder sitzen in einem Kreis. Eines von ihnen dreht eine Flasche und stellt dabei eine Frage zu einem vorher festgelegten Themenbereich, beispielsweise „Denken und Träumen“: Warum träumen Menschen in der Nacht, aber auch am Tag? Der Spieler oder die Spielerin, auf den oder die der Flaschenhals zeigt, muss sie beantworten. Danach dreht er oder sie die Flasche erneut und stellt die nächste Frage. Wenn jemand die betreffende Frage nicht beantworten kann, so muss der oder die Fragende noch eine zum Thema passende Zusatzfrage stellen. Der- oder diejenige, welche/r die meisten unbeantworteten Fragen vorgebracht hat, ist Sieger bzw. Siegerin. Die Spielenden müssen also von vornherein darauf achten, möglichst schwierige Fragen zu stellen.

Das Spiel kann auch so variiert werden, dass jemand, der eine Frage nicht beantworten kann, ein Pfand abgeben muss.

Dieses Spiel fördert die philosophische Fähigkeit des Fragenstellens und die Suche nach vorläufigen Antworten.

Wer bin ich? – Ein Rätsel schreiben

Die Kinder bilden kleine Gruppen. Jedes Kind schreibt auf einen Zettel oder ein Kärtchen ca. drei bis fünf Sätze über sich selbst – als eine Art Rätsel, ohne den Namen anzugeben. Anschließend werden die Zettel wie bei einem Kartenspiel gemischt. Nun zieht jemand einen der Zettel und versucht die beschriebene Person zu erraten. Wenn er oder sie die beschriebene Person gefunden hat, wird der Zettel beiseite gelegt; wenn die Person nicht erraten wurde, ist der oder die Nächste an der Reihe. Erst danach wird die nächste Karte gezogen. Das Spiel ist beendet, wenn alle Personen erraten wurden.

Das Spiel hat die Funktion, das Nachdenken über sich und Andere zu intensivieren.

Welche Eigenschaften habe ich?

In die Mitte des Kreises werden sechs Kärtchen mit Eigenschaften gelegt wie z. B. witzig, verträumt, unordentlich, lieb, fleißig, cool – so, dass die Eigenschaften von den Kindern nicht gesehen werden können. Ein Spieler oder eine Spielerin schließt die Augen. Jemand anderes zieht eine der Eigenschaften, hält die Karte hoch und stellt sich so hinter den Spieler oder die Spielerin, dass die Anderen die Eigenschaft sehen können. Nun sagt jede/r aus dem Kreis etwas über die gezogene Eigenschaft zu dem Spieler oder der Spielerin. Diese/r soll dann aufgrund der Äußerungen erraten, welche Eigenschaft ihm oder ihr zu geschrieben wird.

Anschließend muss er oder sie als Selbsteinschätzung sagen und begründen, ob die Eigenschaft zu ihr bzw. ihm passt oder nicht. Die Gruppe darf dann eine Gegenrede führen. Wenn die Eigenschaft nicht passt, kann auch darüber gesprochen werden, ob jemand aus dem Kreis sie gern haben möchte.

Das Spiel trägt dazu bei, über sich selbst nachzudenken.

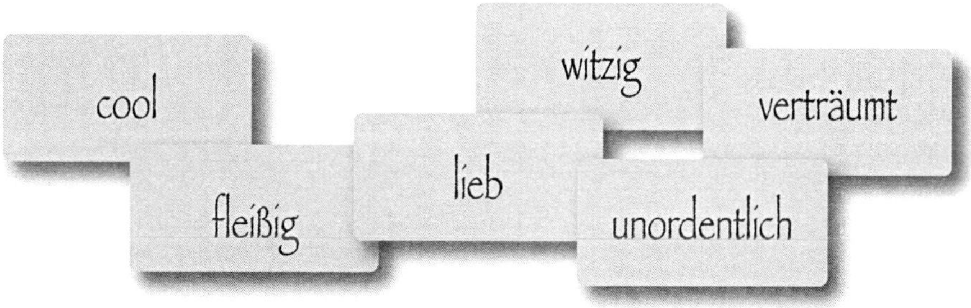

Falsche Eigenschaften

Es werden kleine Gruppen gebildet. Jedes Kind zählt in vier kurzen Sätzen wichtige Eigenschaften von sich auf. Drei Eigenschaften sollen wahr sein; eine nicht. Wer zuerst herausgefunden hat, welche Eigenschaft nicht stimmt, ist als Nächste/r an der Reihe. Vorher sollte allerdings darüber gesprochen werden, warum die Eigenschaft nicht stimmt.

Das Spiel regt dazu an, über die Eigenschaften von anderen Menschen nachzudenken und dabei über wahr und falsch ins Gespräch zu kommen.

Eigenschaften verschenken

Jeder Spieler und jede Spielerin schreibt fünf wichtige Eigenschaften eines so genannten guten Menschen auf kleine Kärtchen. Anschließend schenken die Mitglieder einer Gruppe einander die Eigenschafts-Kärtchen. Wenn jemand ein Eigenschafts-Kärtchen nicht haben möchte, begründet er seine Ablehnung und legt die Karte weg. Zum Schluss bleiben nur noch diejenigen Eigenschaften übrig, die von den Kindern nicht akzeptiert worden sind.

Anschließend könnte darüber gesprochen werden, warum bestimmte Eigenschaften nicht akzeptiert worden sind.

Das Spiel regt zum Nachdenken darüber an, welche Eigenschaften ein guter Mensch haben sollte.

In eine fremde Haut schlüpfen

Das folgende Spiel dient dazu, die Perspektive des eigenen Handelns zu überschreiten und sich in die Sichtweisen von anderen Menschen zu versetzen. Das Klassenzimmer wird in vier verschiedene Stationen und vier verschiedene Gruppen aufgeteilt. Alle vier Gruppen durchlaufen mindestens zwei Stationen und nehmen ihre Fragen und Antworten jeweils mit. Die Szene in einer Station sollte höchstens 5 Minuten dauern. Jede Gruppe muss eine Frage- und eine Antwortstation absolvieren.

Folgende Beispiele wären denkbar:

1. Station
Ihr sitzt in einem Bus. Dort trefft ihr eine alte Frau, die euch freundlich anlächelt. Welche Fragen über ihr Leben würdet ihr an sie stellen? Spielt diese Szene mehrmals und schreibt am Schluss in der Gruppe mindestens drei Fragen auf.

2. Station
In eure Klasse kommt ein Junge aus einem anderen Land, der von nun an in eure Klasse geht. Ihr wisst nicht, woher er kommt und wie er bisher gelebt hat. Welche Fragen über sein Leben würdet ihr an ihn stellen? Spielt diese Szene mehrmals und schreibt am Schluss in der Gruppe mindestens drei Fragen auf.

3. Station
Stellt euch vor, ihr seid ein alter Mann oder eine alte Frau und sitzt auf einer Parkbank. Plötzlich kommt ein kleiner Junge vorbei und setzt sich neben euch. Er schaut euch an und fragt dann: „Hast du eigentlich ein schönes Leben gehabt?“ Führt ein Gespräch mit dem Jungen. Spielt diese Szene mehrmals und schreibt am Schluss in der Gruppe mindestens drei Antworten auf, die der Mann oder die Frau dem Jungen geben könnte.

4. Station
Stellt euch vor, ihr seid ein Popstar. Kurz vor eurem Konzert trefft ihr hinter der Bühne ein kleines Mädchen, das mit euch ein Interview führen darf. Sie fragt euch, ob es toll ist, ein Popstar zu sein. Führt mit ihr ein Ge-

spräch darüber. Spielt diese Szene mehrmals und schreibt am Schluss in der Gruppe mindestens drei Antworten auf, die der Popstar dem Mädchen geben könnte.

Am Schluss sollten die Fragen und Antworten aus den verschiedenen Stationen ausgewertet werden, z. B.: Welche Fragen waren besonders interessant; welche Fragen ließen sich nur schwer beantworten; welche Antworten haben den meisten Teilnehmerinnen und Teilnehmern besonders gut gefallen; welche Szene habt ihr besonders gern gespielt und warum? Anschließend könnte darüber gesprochen werden, welche Station besonders schwierig gewesen ist.

Das Spiel fördert die Fähigkeit, sich in die Sichtweise von anderen Menschen zu versetzen.

5.2 Dialogspiele

Dialog über einen philosophischen Begriff

Den Ausgangspunkt dieses Spiels bildet ein schwieriger philosophischer Begriff; es sollten nur solche Begriffe gewählt werden, zu denen sich leicht ein Gegenbegriff finden lässt. In Partnerarbeit sollen die Kinder nun einen kleinen Dialog zu dem Begriff erarbeiten (nicht mehr als sechs bis zehn Sätze). Zu jedem Begriff darf jeweils nur ein Satz geschrieben werden. Einige der Dialoge können dann in der Klasse vorgespielt werden. Dieses Spiel eignet sich erst ab Klasse 4.

Freude: Ich mache die Menschen fröhlich.
Schmerz: Und ich verpasse ihnen einen Dämpfer.
Freude: Aber nur durch mich ist doch das Leben schön.
Schmerz: Und ohne mich wäre es langweilig.
Freude: Warum? Das verstehe ich nicht!
Schmerz: Weil die Menschen ohne mich übermütig sein würden.

Dieses Spiel ist eine anschauliche Annäherung an einen schwierigen philosophischen Begriff. Die Kinder lernen, sich als Partner aufeinander einzustellen. Insofern ist dieses Spiel eine gute Vorübung für ein sokratisches Gespräch (siehe auch Kapitel 1.4).

Eine Pantomimen-Geschichte

Die Kinder sitzen im Kreis. Zu einem vorgegebenen Thema, wie zum Beispiel „Eigenschaften von Freunden“, beginnt ein Kind, eine Pantomime darzustellen. Der oder die Nächste im Kreis muss eine weitere Eigenschaft von Freunden als Pantomime anschließen. Dadurch wird eine kleine Geschichte erzählt, bei der die Kinder aufeinander eingehen müssen. Die Pantomime bricht ab, wenn jemand nichts mehr darzustellen weiß. Die Kinder müssen genau hinschauen, was ihr Vorgänger bzw. ihre Vorgängerin ausgedrückt hat.

Als Themen sollten nur solche ausgewählt werden, die den Kindern ermöglichen, entweder eine Geschichte zu erzählen oder Eigenschaften von Tieren und Menschen darzustellen.

Das Spiel ermöglicht den Kindern, philosophische Gedanken in Form von Körpersprache darzustellen. Sie üben auch, sich auf die Gedanken (Ausdrucksformen) von anderen Kindern zu beziehen.

Dialog mit Musik

Zu einem bestimmten philosophischen Thema wie z. B. „Natur“, „Liebe“, „Freude“ oder „Krankheit“ wird ein Instrumentalstück vorgespielt. Die Kinder sollen das Stück erst einmal kennen lernen. Beim zweiten Anhören macht sich jedes Kind Notizen, zu welchem Problem ein Dialog zu dieser Musik stattfinden könnte. Anschließend werden kleine Gruppen gebildet. Die Gruppe einigt sich auf ein Problem und übt dazu einen kurzen Dialog ein, den zwei Mitglieder aus der Gruppe dann vorspielen (sechs bis zehn Sätze reichen). Während des Übens wird die Musik vielleicht noch ein- bis zweimal vorgespielt. Danach präsentieren die Gruppen ihre Dialoge. Als Ergebnis wird dann darüber diskutiert, ob der Dialog zur Musik passt.

Zusatzvariante
Die Kinder erhalten die Aufgabe, ein Streitgespräch zu dem Musikstück zu entwickeln. Anschließend könnten Varianten der Einigung erarbeitet werden: Wie können die beiden Streithähne zu einem Konsens kommen?

Das Spiel dient als Einstieg in ein bestimmtes philosophisches Thema, das dann im Unterricht erarbeitet werden soll. Außerdem übt es die Fähigkeit, einen Dialog zu führen. Anschließend könnte darüber nachgedacht werden, worin sich ein Dialog zur Musik von einem „normalen Gespräch“ unterscheidet.

6. Kooperations- und Konfliktlösungsspiele

6.1 Kooperationsspiele

Wir hängen alle zusammen

Das Spiel kann sowohl zum Thema „Wer bin ich?“ als auch zum Thema „Zusammenleben mit Anderen“ gespielt werden.

Ein Kind stellt sich in die Mitte des Kreises. Es ruft ein anderes Kind zu sich, das ein gleiches äußeres Merkmal hat, z. B. braune Haare. Der oder die „angehängte“ Spieler/in ruft nun ein weiteres Kind zu sich und nennt wiederum ein verbindendes äußeres Merkmal. Das Spiel wird so lange gespielt, bis alle Kinder an der Kette beteiligt sind.

Zusatzvariante

Das Spiel könnte auch so gespielt werden, dass das Kind im Kreis eine Charaktereigenschaft wie „Hilfsbereitschaft“ oder „nett sein“ nennt. Und nun hängen sich alle diejenigen an, die meinen, dass diese Eigenschaft auf sie zutrifft. Bevor sie sich anhängen, müssen sie jedoch begründen, warum sie diese Eigenschaft haben. Das „letzte Kind“ nennt dann die nächste Eigenschaft. Das Spiel ist beendet, wenn sich alle Kinder im Kreis befinden.

Das Spiel dient einerseits dazu, die Wahrnehmungsfähigkeit zu schärfen (siehe auch die Wahrnehmungsspiele in Kapitel 2 in diesem Buch). Andererseits verfolgt es das Ziel, das Wir-Gefühl zu schärfen und aufzuzeigen, dass alle Menschen in der Gesellschaft „irgendwie“ miteinander verkettet sind.

Namensschilder

Dieses Spiel kann zum Thema „Wer bin ich?", aber auch zu anderen Themen wie „Zusammenleben in der Gemeinschaft" gespielt werden. In den Kreis einer Gruppe oder Schulklasse wird ein rotes Tuch gelegt. In der Mitte des Tuchs steht ein Schild mit der Aufschrift „Gruppe" oder „Klasse". Jeder Mitspieler bzw. jede Mitspielerin stellt nun sein/ihr Namensschild auf das Tuch und sucht sich eine bestimmte Position zu dem Schild in der Mitte aus.

1. Runde
Nun folgt ein Gespräch darüber, warum manche Kinder ihr Schild nah an das Gruppenschild gestellt haben und manche weiter weg.

2. Runde
Die Kinder werden nun gebeten, mit den Namensschildern bestimmte Gruppen zu bilden: Welche Namen würdet ihr zusammenlegen wollen? Begründet eure Entscheidung.

Falls Namen übrig bleiben sollten, muss der Lehrer oder die Lehrerin helfen. Wenn es nicht gelingt, die restlichen Namensschilder zuzuordnen, sollte darüber gesprochen werden, warum diese Namensschilder übrig geblieben sind.

Das Spiel dient dazu, Nähe und Distanz in der Gruppe sichtbar zu machen und ggf. „Mobbingopfer" aufzuspüren.

6.2 Konfliktlösungsspiele

Die folgenden Spielvorschläge betreffen das Thema „Konflikte und Konfliktlösung" sowie „Gewaltfreier Umgang mit Konflikten".

Der heiße Stuhl

Zwei Stühle werden in die Mitte eines Stuhlkreises gestellt. Auf den ersten Stuhl setzt sich ein Kind, das – nach Ansicht des/der Lehrer/in – momentan bei einigen in der Klasse nicht so beliebt ist. Nacheinander setzen sich die Kinder nun auf den zweiten Stuhl und sagen dem- oder derjenigen, die auf dem ersten Stuhl sitzt, etwas Nettes, das sie besonders an ihm oder ihr mögen: beispielsweise etwas über das Aussehen oder über besondere Eigenschaften und Talente. An dem Spiel sollten sich alle Kinder aus der Klasse beteiligen, auch diejenigen, welche den Schüler oder die Schülerin auf dem ersten Stuhl nicht mögen. Der zweite Stuhl wird deshalb als „heiß" empfunden, weil es vielen schwer fällt, jemanden zu loben anstatt ihn zu beschimpfen.

Das Spiel kann dazu beitragen, das Klima in der Klasse zu verbessern. Es übt außerdem das Wahrnehmen und Artikulieren zusätzlicher Eigenschaften.

Ich möchte dazugehören

Jemand sitzt vor der Klasse auf einem Stuhl. Das Kind sagt: „Ich möchte dazugehören“ und begründet, warum. Die eine Hälfte der Klasse unterstützt das Anliegen und gibt ein einen Grund dafür an. Die andere Hälfte bringt ein Argument dagegen vor. Nach jedem Argument dagegen wiederholt das Kind auf dem Stuhl nur den Satz: „Ich möchte dazugehören.“

Nach mindestens drei Runden Hin und Her sollte eine Lösung gefunden werden: entweder von dem Kind auf dem Stuhl oder von der Klasse. Anschließend soll das Kind, das auf dem Stuhl gesessen hat, darüber berichten, wie es sich „anfühlt“, wenn jemand ausgeschlossen wird.

Das Spiel könnte durch ein sokratisches Gespräch ergänzt werden, in dem über Ursachen des Ausgeschlossenseins gemeinsam nachgedacht wird.

Das Spiel trägt dazu bei, über die Ursachen nachzudenken, warum jemand gemobbt oder aus einer Clique ausgeschlossen wird.

Konflikte entschärfen oder verschärfen?

Jemand erzählt eine Konfliktsituation aus dem Alltagsleben, wie z. B.: Jan und Oliver möchten beide neben Anja sitzen. Um Oliver zu ärgern, hat Jan Olivers Federtasche versteckt, worauf Oliver Jans Schreibheft zerrissen und in den Mülleimer geworfen hat. Zur Lösung des Problems bilden die Kinder kleine Gruppen.

1. Runde
Die Kinder sollen eine Lösung erarbeiten, die den Konflikt zwischen Jan und Oliver verschärft (noch schlimmer macht) – diese könnte dann vorgespielt werden.

2. Runde
Die Kinder sollen nun eine Lösung präsentieren, die den Konflikt entschärft (einer Lösung entgegenführt). Diese kann dann ebenfalls vorgespielt werden.

3. Runde
Abschließend sollen die Schülerinnen und Schüler einen Lösungsvorschlag unterbreiten.

Nach dem Spiel können in einem sokratischen Gespräch folgende Fragen diskutiert werden:

- Welche Verhaltensweisen tragen dazu bei, einen Konflikt zu verschärfen? (Hierzu sollte ein Tafelbild erstellt werden.)
- Welche Verhaltensweisen tragen dazu bei, einen Konflikt zu entschärfen? (Die Vorschläge sollten ebenfalls an der Tafel festgehalten werden.)
- Wie sollte sich ein Kind verhalten, das von einem anderen Kind provoziert wird?

Das Spiel soll zum Nachzudenken anregen, welche Verhaltensweisen einen Konflikt verschärfen und welche Verhaltensweisen einen Konflikt weniger schlimm machen bzw. ihn einer Lösung zuführen.

Konflikte austragen

Die Kinder bilden vier Kleingruppen, die eine fiktive alltägliche Konfliktsituation bearbeiten sollen, wie z. B.: Maren nimmt immer unerlaubt Sabrinas Brotdose aus ihrem Rucksack – Sabrina wiederum holt unerlaubt Marens Hefte mit den Hausaufgaben aus der Tasche und schreibt sie ab. Die beiden treffen nun im Schulhof aufeinander.

Vor Beginn des Spiels werden folgende Lösungswege an die Tafel geschrieben:

1. Durchsetzen: Eine von beiden setzt sich mit körperlicher oder verbaler Gewalt durch und achtet nicht auf die Interessen der Anderen.

2. Nachgeben: Eine von beiden wehrt sich nicht und gibt nach (mit oder ohne Gespräch).

3. Keine Lösung: Der Streit geht nach einem Gespräch oder einer körperlichen Auseinandersetzung in die nächste Runde, er bleibt unentschieden.

4. Verhandeln: Maren oder Sabrina versuchen sich beide durchzusetzen, berücksichtigen aber auch die Interessen und Argumente der jeweils Anderen. Es kommt zu einer Lösung.

Die Gruppen erhalten folgende Aufgaben:

1. Runde
Alle Gruppen überlegen sich eine fünfte Variante.

2. Runde
Die Gruppen erhalten eine der vier Varianten zugeteilt und spielen sie in einer kurzen Szene vor. Anschließend wird darüber diskutiert, welche Variante die einfachste bzw. die häufigste bei Konfliktsituationen ist.

3. Runde
Die Gruppen spielen ihre eigene fünfte Variante vor. Danach folgt ein sokratisches Gespräch über die Varianten des Konfliktverhaltens.

Das Spiel regt an, darüber nachzudenken, wie sich jemand in Konfliktsituationen verhält und wie sich Lösungsmöglichkeiten erarbeiten lassen.

7. Fantasiespiele

Die folgenden Spiele sollen dazu beitragen, die philosophische Fantasie zu aktivieren. Die Kinder sollen sich bestimmte Dinge oder Situationen vorstellen, die es in Wirklichkeit nicht gibt.

7.1 Gedankenexperimente

Stell dir vor ...

Bei diesem Spiel überlegen sich alle Kinder, was passieren würde, wenn die betreffende Situation eintreten würde (siehe unten). Jeder sollte eine Antwort geben, die nicht mit der des vorherigen Kindes identisch ist. Sie sollte beginnen mit „Dann würde ich ...". Das Spiel ist beendet, wenn niemand mehr eine Idee hat.

Stell dir vor, ...
... du müsstest im Wasser/im Wald/auf dem Mars leben.
... du wärst ein Junge/ein Mädchen.
... die Menschen wären unsterblich.
... es wäre immer dunkel auf der Welt.
... Kinder würden die Schulen leiten/das Land regieren.
... du wärst ein Hund/ein Delfin/... Was würdest du den Menschen sagen wollen?

Das Spiel fördert das kreative Vorstellungsvermögen der Kinder als Möglichkeit zur Distanzierung von vorgegebenen Situationen.

Stell dir vor ... mit verteilten Rollen

Dieses Spiel sollte insbesondere zu Themen wie „Natur“ oder „Schule“ gespielt werden, denn die Kinder müssen sich in bestimmte Rollen von Personen oder Tieren hineinversetzen. Wichtig ist dabei, dass ein konkretes Problem vorgegeben wird, wie zum Beispiel: Nicht weit von eurer Schule soll ein Stück Wald abgeholzt und eine Neubausiedlung gebaut werden. Was denken die Beteiligten?

Die Beteiligten werden vorher auf Kärtchen geschrieben, wie zum Beispiel:

Naturschützer/innen

Waldbesitzer/innen

eine Ameise.

Eigenheiminteressenten/innen

ein Fuchs

Schüler/innen

Lehrer/innen

der älteste Baum

eine Eule

Die Kinder bilden kleine Gruppen. Jede/r zieht eine Karte und versetzt sich in die vorgeschriebene Rolle: Wenn ich die Eule wäre, dann würde ich ... Er oder sie muss dazu mindestens fünf Sätze sagen. Anschließend wird gemeinsam überlegt, wie das Problem im Einvernehmen mit allen Beteiligten gelöst werden kann.

Zusatzvariante

Das Spiel kann auch vereinfacht gespielt werden. Es wird ein Bereich wie „Schule“, „Familie“ oder „Wald“ vorgegeben und beteiligte Personen/Lebewesen, die auf Kärtchen geschrieben werden. Jeder zieht eine Person/ein Lebewesen. Und dann wird, beispielsweise zum Thema „Wald“ gefragt:

Was könnten Naturschützer/innen, Waldbesitzer/innen, Eigenheiminteressenten/innen, Lehrer/innen, Schüler/innen, Eule, ältester Baum, Fuchs, Ameise, ... dem Wald Gutes tun?

Das Spiel dient dazu, sich in die Gedankenwelt einer anderen Person/eines anderen Lebewesens hineinzuversetzen.

Stell dir vor, der Wolf wäre nicht böse

Von einem Spielleiter oder einer Spielleiterin werden bekannte Märchen genannt, z. B. Rotkäppchen (und der böse Wolf). Nun erhalten die Spielerinnen und Spieler die Aufgabe, in einem Rollenspiel das Märchen so umzugestalten, dass der Wolf nicht böse ist und das Rotkäppchen nicht frisst.

Der Sinn des Spiels besteht darin, am Beispiel von bekannten Märchen einen Perspektivenwechsel zu üben.

Einen Bösewicht zum Guten bekehren

Die Kinder bilden kleine Gruppen und erhalten einen speziellen Fall, wo ein Kind etwas Böses gemacht hat, zum Beispiel jemandem die Federtasche geklaut oder jemanden geschlagen hat. Die Kinder werden nun aufgefordert, sich zu überlegen, wie der „Bösewicht" zum Guten bekehrt werden kann. Sie sollen einen „Maßnahmenkatalog" mit mindestens fünf Maßnahmen erarbeiten. Dieser wird dann in der Klasse vorgestellt. Anschließend könnte ein sokratisches Gespräch stattfinden:

- Warum handeln Menschen manchmal böse?
- Was heißt eigentlich „böse sein“?
- Wie können andere Menschen dazu beitragen, dass das Böse zurückgedrängt wird?

Das Spiel dient dazu, eigene Gedanken zu entwickeln, wie jemand von bösen Taten abgehalten werden kann.

Böses wieder gut machen

Dieses Spiel kann in kleinen Gruppen, aber auch individuell gespielt werden. Die Kinder erhalten folgende Aufgabe: Stell dir vor, du hast etwas Böses gemacht. Wie kannst du es anstellen, dass dich die anderen Menschen wieder lieb haben und du dich wieder besser fühlst? Schreibe es auf oder male ein Bild dazu.

Zusatzvariante
Das Spiel könnte in der Gruppe auch so gespielt werden, dass die Kinder sich überlegen, wie sie jemanden um Verzeihung bitten können.

Das Spiel trägt dazu bei, eigene Gedanken zu entwickeln, wie man etwas Böses wieder zum Guten wenden kann.

Etwas finden, das dir nicht gehört

Dieses Spiel können die Kinder auch für sich allein spielen. Folgende Situation wird vorgegeben: Stell dir vor, du findest auf der Straße/in der Schule/am Strand/ ... etwas, das dir nicht gehört. Was machst du? Schreibe genau auf, wie du vorgehst.

Die Kinder lesen anschießend ihre Varianten vor und entscheiden, ob es moralisch gute Handlungsvorschläge sind.

Zusatzvariante
Dieses Spiel könnte auch in Gruppen gespielt werden. Die Lösung sollte dann als Rollenspiel gestaltet werden.

Das Spiel dient dazu, moralisches Handeln in real möglichen Situationen zu simulieren.

Verbote übergehen

Dieses Spiel sollte in kleinen Gruppen gespielt werden. Es wird eine Situation vorgegeben, in der ein Verbot nicht eingehalten wurde, zum Beispiel nachmittags kein Fernsehen zu gucken, wenn Mama und Papa nicht zu Hause sind. Die Mitglieder der Gruppe wissen genau, dass eine bestimmte Person (Geschwister/Freund) dieses Verbot nicht eingehalten hat. Was sollte unternommen werden? Die Gruppe sollte einen Vorschlag erarbeiten und als Rollenspiel gestalten. Anschließend werden die Vorschläge in der Klasse unter der Fragestellung „War das (moralisch) richtig?" ausgewertet.

Mögliche Verbotsüberschreitungen wären:

- Bei Rot über die Ampel gehen, weil kein Auto zu sehen war.
- Etwas Süßes kaufen, obwohl die Eltern es verboten haben.
- Jemandem etwas ohne zu fragen aus dem Rucksack herausnehmen.
- Die Toiletten in der Schule beschmieren.
- Häuserwände beschmieren.
- Papier auf den Schulhof werfen.

Das Spiel dient dazu, moralisch gutes Verhalten einzuüben.

Fantastisches Märchen

Die Kinder bilden kleine Gruppen. Jeder Mitspieler/jede Mitspielerin denkt sich mindestens ein „fantastisches Märchen“ als Kombination von zwei Märchen aus und schreibt den neuen Titel auf ein Kärtchen, z. B:

Dornwittchen	(Dornröschen und Schneewittchen)
Drosselstilzchen	(König Drosselbart und Rumpelstilzchen)
Aschenröschen	(Aschenputtel und Dornröschen)
Gevatter Drosselbart	(Gevatter Tod und König Drosselbart)

1. Runde
Die Kärtchen werden gemischt. Die Kinder ziehen nacheinander eine Karte und erraten die beiden Märchen, die hinter dem neuen Begriff stehen. Wenn alle Märchen erraten wurden, ist diese Runde beendet. Vorher sollten vielleicht einige Titel von Märchen gemeinsam in der Klasse gesammelt und als Vorbereitung an der Tafel festgehalten werden.

2. Runde
Die Karten werden neu gemischt. Wer nun eine Karte zieht, muss in wenigen Sätzen sagen, wie z. B. „Dornwittchen“ aussehen könnte (eine Personenbeschreibung geben). Wenn alle Personen vorgestellt wurden, ist diese Runde beendet.

3. Runde
Die Karten werden wieder neu gemischt. Nun wird zu den „neuen Personen“ eine Handlung erzählt: Was könnte Aschenröschen erleben? Wenn alle Handlungen vorgestellt wurden, ist diese Runde beendet.

4. Runde
Nun sollte in der Gruppe darüber diskutiert werden, ob die in den Runden 2 und 3 vorgestellten Personen und ihre Handlungen gut oder böse sind und warum.

Die Kinder können sich auch selbst noch eine Runde ausdenken.

Das Spiel dient dazu, sich neue Märchen auszudenken und über ethische Probleme von Gut und Böse nachzudenken.

Was wäre, wenn ...

Jemand äußert eine philosophische Idee in der Form von „Was wäre, wenn ...“, z. B.: Was wäre, wenn kein Lebewesen auf der Welt mehr sterben würde? Die Kinder sammeln in Form einer Gedankenkette dazu Ideen und werten sie abschließend aus. Die Ideen können verbal ausgedrückt werden oder in Form von Körperbewegungen.

Das Spiel ist beendet, wenn die Gedankenkette abbricht, d. h., wenn keiner mehr eine neue Idee weiß. Die Kette kann dann von vorn begonnen werden. Das Spiel sollte im Kreis gespielt werden, wobei alle Kinder nacheinander an die Reihe kommen.

Das Spiel fördert das kreative Vorstellungsvermögen der Kinder, zu einem bestimmten philosophischen Problem eigene Gedanken zu entwickeln.

Die Gedankenkette

Hierbei handelt es sich um eine Art philosophisches Gedicht, bei dem das letzte Wort der vorangegangenen Zeile auf der folgenden Zeile wiederholt wird. Am Schluss sollte dann die eigene Meinung des Autors oder der Autorin stehen, ausgedrückt durch: Ich finde ... Ich fühle ... Ich wünsche mir ...

> Freundschaft macht **Mut.**
> **Mut** gibt mir **Nora.**
> **Nora** ist meine beste **Freundin**
> **Freundin ...**

Die Gedankenkette lässt sich auch in einer großen Gruppe spielen, indem der nachfolgende Spieler bzw. die nachfolgende Spielerin den Gedanken des oder der Vorhergehenden weiterführt. Das Spiel endet, wenn keine sinnvollen Gedanken mehr vorgebracht werden.

Zusatzvariante *(von Markus Mohr)*
Dieses Spiel kann auch in kleinen Gruppen gespielt werden. Das Thema, zum Beispiel „Freundschaft“ ist allen Kindern bekannt. Jemand schreibt zu Beginn eine Zeile auf, zum Beispiel:

Ohne Freunde ist das Leben langweilig.

Danach faltet er das Blatt, so dass seine Gedanken von dem nachfolgenden Kind nicht eingesehen werden können. Lediglich das letzte Wort „langweilig“ steht am Anfang einer neuen Zeile. Das nachfolgende Kind schreibt nun einen neuen Gedanken zum Thema „Freundschaft“ auf, der mit „langweilig“ beginnt:

Langweilig wird es mit meinem Freund Jonas nie.

Das Papier wird wieder gefaltet und das Wort „nie“ auf die nächste Zeile geschrieben.

Das Spiel trägt zu einem kreativen Umgang mit philosophischen Problemen bei. Die Zusatzvariante erhöht das Vergnügen an dem Spiel, weil alle Kinder gespannt sind, was am Schluss herauskommen wird.

Die ellenlange Gedankenkette

Zu einem bestimmten philosophischen Thema wie zum Beispiel „Mut“ wird ein ellenlanger Satz gebildet. Der erste Spieler sagt ein Wort, zum Beispiel: „Oliver“. Dann fügt die nächste Spielerin ein weiteres Wort hinzu, „geht“, der nächste Spieler sagt „in“ usw. bis ein ellenlanger Satz zum Thema entsteht:

Oliver geht in den Wald und hört ein Rascheln, das ihm Angst macht, denn ...

Die Kette bricht ab, wenn jemand nicht mehr weiter weiß.

Zusatzvariante
Die Kinder bilden einen Kreis. Das erste Kind nennt ein Wort zu einem ausgewählten philosophischen Thema. Es wirft dann einen Ball zu einem anderen Kind, welches das nächste Wort anhängen muss. Anschließend wird der Ball dann wieder zu einem anderen Kind geworfen, das ein weiteres Wort hinzufügen muss. Diese Variante eignet sich insbesondere für Spiele im Freien.

Das Spiel hat die Funktion, zu einem ausgewählten philosophischen Thema zu assoziieren.

Ich wäre gern ...

Das Spiel sollte in kleinen Gruppen gespielt werden. Auf kleine Kärtchen werden die Namen von berühmten Persönlichkeiten geschrieben, die für die Kinder einen Vorbildcharakter haben könnten. Die Kärtchen werden anschließend gemischt.

1. Runde
Jeder zieht eine Persönlichkeit und stellt durch eine Hand- oder Körperpantomime bzw. durch ein charakteristisches Merkmal dar, welche Persönlichkeit er oder sie gezogen hat. Dann wird die Persönlichkeit erraten. Danach wird von einem Mitglied aus der Gruppe begründet, warum diese Persönlichkeit für ihn ein Vorbild sein könnte. Das Kärtchen mit der Persönlichkeit wird nach der Begründung abgelegt. Der- oder diejenige, welche/r die Persönlichkeit erraten hat, zieht dann das nächste Kärtchen.

Bundeskanzler/in
Pippi Langstrumpf
Jesus
Ronja Räubertochter
Harry Potter

2. Runde

Die Spielerinnen und Spieler ziehen erneut Kärtchen. Der gezogene Name der Persönlichkeit wird laut vorgelesen. Und dann sagt der- oder diejenige, welche/r die Karte gezogen hat: Ich wäre gern ... (Namen der Persönlichkeit einsetzen), weil ... (Grund angeben).

Das Spiel dient dazu, sich über Vorbilder Gedanken zu machen und zu begründen, warum sie eine Vorbildwirkung haben.

Es sollte erst ab 10 Jahren gespielt werden.

Zerstückelte Bilder

Ein Bild zu einem bestimmten Thema wie zum Beispiel „Natur" wird für verschiedene Gruppen vorbereitet und in mehrere Teile zerlegt. Die Gruppen erhalten nun die Aufgabe, das Bild zusammenzusetzen. Anschließend werden die Bilder vorgestellt. Jede Gruppe muss erklären, was „ihr Bild" mit dem Thema zu tun hat.

Das Spiel dient dazu, sich in eine bestimmte philosophische Problematik allmählich hineinzudenken.

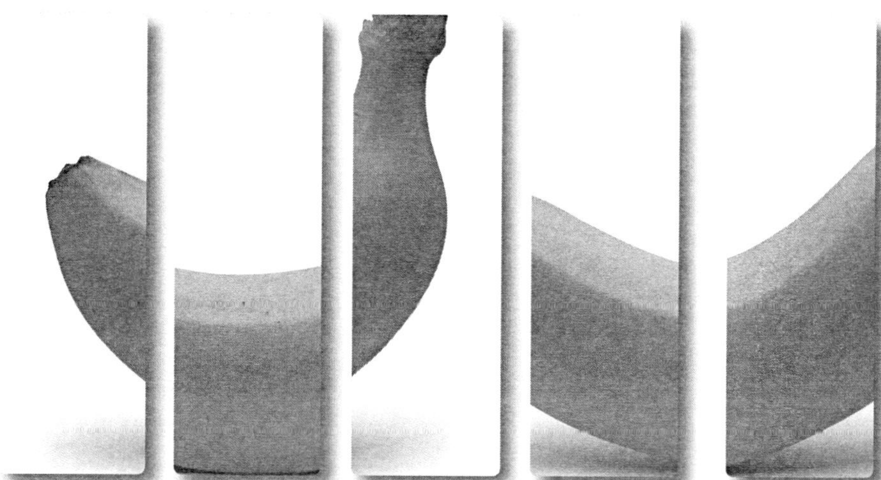

7. 2 Zukunftsvorstellungen entwerfen

Traumbilder

Die Kinder erhalten die Aufgabe, ihre Traumschule, ihre Traumfamilie oder ihr Traumland zu zeichnen. Die Zeichnungen werden dann in einem Kreis ausgelegt und dienen als Einstieg in die Problematik: Wie stelle ich mir die Welt von morgen vor?

Das Spiel soll dazu anregen, eigene kreative Ideen über die Zukunft zu entwickeln. Die Bilder können auch dazu verwendet werden, um in das Thema „Träume" einzusteigen.

Philosophische Traumreise

Zu Beginn der Reise wird ein/e Spielleiter/in gewählt. Er oder sie sorgt dafür, dass sich alle bequem hinsetzen und die Augen schließen. Danach beginnt die Reise, z.B. in der folgenden Form: Die Sonne scheint. Ihr spürt einen leichten Wind auf dem Meer. Euer Schiff schaukelt, die Möwen kreischen. Nach einiger Zeit lauft ihr in den Hafen von Athen ein. Dort wartet auf euch der griechische Philosoph Sokrates. Wie stellt ihr euch die Begegnung vor?

1. Variante
Malt ein Bild von dieser Begegnung. Anhand der Bilder wird dann über das Treffen mit Sokrates fantasiert.

2. Variante
Schreibt eine Geschichte dazu auf. Die Geschichten werden dann vorgelesen und ausgewertet.

3. Variante
Es werden kleine Gruppen gebildet und die Begegnung wird als Rollenspiel gestaltet. Vorher sollte sich jeder entsprechende Begrüßungsworte oder Fragen überlegen.

Das Spiel dient dazu, sich vorzustellen, einen berühmten Philosophen oder eine berühmte Philosophin zu treffen.

Das Spiel sollte erst ab 10 Jahren gespielt werden.

Reise nach Phantasien

Die Kinder sitzen im Kreis.

1. Runde
Ein Kind sagt: Ich reise nach Phantasien und nehme ... (z. B. meinen Teddy) mit. Das nächste Kind fügt hinzu, wen oder was es mitnehmen würde, darf aber nicht wiederholen, was schon gesagt wurde. Die Reise bricht ab, wenn keiner mehr etwas zu sagen hat oder etwas wiederholt wird, das schon gesagt wurde.

2. Runde
Die Kinder werden vor dem Spiel darauf hingewiesen, sich möglichst zu merken, wen oder was die anderen Kinder mitnehmen wollen. Danach wird untereinander gefragt: Warum möchtest du unbedingt deinen ... (Teddy) mitnehmen? Die Kinder werden dadurch angeregt, Begründungen zu geben.

3. Runde
Die Lehrerin/der Lehrer fragt die Kinder, was sie sich unter „Phantasien" vorstellen. Die Kinder können auch Phantásien erst malen und dann anhand ihrer Zeichnungen darüber sprechen.

Das Spiel dient der Entwicklung von Fantasie und schärft außerdem die Fähigkeit des Begründens.

Visionen

Ausgangspunkt für das folgende Spiel sind Wünsche, Träume und Pläne für die Zukunft. Jedes Kind erhält dazu einen Zettel mit vorbereiteten Denkanstößen, zu denen es sich in einem Satz schriftlich äußern soll, z. B.:

- ➡ Meine Familie im Jahr 2050
- ➡ Meine Wohnung im Jahr 2050
- ➡ Mein Computer im Jahr 2050
- ➡ Mein Arbeitsplatz im Jahr2050
- ➡ Mein Hobby im Jahr 2050
- ➡ ...

Anschließend werden kleine Gruppen gebildet. Jedes Gruppenmitglied liest seine Ansichten zu den einzelnen Punkten vor. Danach wird ein sokratisches Gespräch geführt, wie die Welt in Zukunft aussehen könnte.

Das Spiel dient dazu, die Gegenwart in der Fantasie zu verlassen und dadurch Gedanken über das eigene Leben und die Welt von morgen zu entwickeln.

Aus Verboten freundliche Gebote machen

Die Kinder sammeln Verbote, die sie aus dem Alltagsleben kennen:

- ➡ Du sollst nicht lügen.
- ➡ Du sollst nicht im Unterricht schwatzen.
- ➡ Du sollst nicht andere Kinder anrempeln.
- ➡ ...

1. Runde
Die Kinder werden nun aufgefordert, diese Verbote als „freundliche Gebote“ zu formulieren, die andere Kinder sofort ansprechen; sie dürfen dabei auch zeichnen, zum Beispiel:

> Ich möchte gern,
> dass du mir
> die Wahrheit sagst

2. Runde
Die „freundlichen Gebote“ werden in einen Kreis gelegt. Nun sucht sich jeder ein Gebot aus (nicht sein eigenes) und begründet, warum dieses Gebot für das Zusammenleben der Menschen wichtig ist.

3. Runde
Anschließend findet ein sokratisches Gespräch statt: Sprechen „freundliche Gebote“ die Menschen eher an als Verbote? Warum? Warum nicht?

Das Spiel dient dazu, einen kreativen Umgang mit Verboten und Geboten zu üben.

Symbolassoziationen

Dieses Spiel eignet sich insbesondere für den Bereich der Religiösen Ethik. Die Kinder erhalten verschiedene Symbole zur Auswahl wie z. B. Kreuz, Baum, Kreis, Licht, Sonne, Höhle oder Berg. Dazu sollen sie entweder eine Zeichnung anfertigen, eine Geschichte erzählen oder eine Gedankenkette einfädeln.

Anschließend werden die Ergebnisse in kleinen Gruppen oder in der Klasse vorgetragen und diskutiert. Als Weiterführung können dann kleine Texte zu den einzelnen Symbolen gelesen und ausgewertet werden.

1. Variante
Sollten zu den einzelnen Symbolen lediglich Zeichnungen angefertigt werden, so können diese wie ein Kartenspiel gemischt und erraten werden.

2. Variante
Die Symbole können auch in Form von Rätseln gestaltet und anschließend in kleinen Gruppen erraten werden.

Das Spiel dient dazu, den Umgang mit religiösen und philosophischen Symbolen zu üben und eigene Gedanken dazu zu entwickeln.

Musikmeditation

Dieses Spiel kann als Einstieg in verschiedene philosophische Themen gespielt werden. Es eignet sich besonders gut für Themen wie „Glück“, „Natur“ oder „Zeit“, die in gleicher Weise das Reflexionsvermögen wie auch die Vorstellungskraft beanspruchen.

Es wird ein Musikstück zu einem ausgewählten Thema vorgespielt, z. B. *Die vier Jahreszeiten* von Vivaldi. Dazu sollen die Kinder Gefühle, Gedanken und Vorstellungen auf einem Blatt Papier assoziieren. Anschließend wird in kleinen Gruppen oder im Plenum darüber gesprochen: Welche Gedanken zum Thema „Jahreszeiten“ sind euch beim Hören der Musik durch den Kopf gegangen? Danach kann mit den Ideen der Kinder weitergearbeitet werden, zum Beispiel können Geschichten geschrieben werden.

Zusatzvariante
Zu der Musik kann auch ein Standbild (Gruppenpantomime) erarbeitet werden (zu dieser Methode siehe Wissenskasten in Kapitel 2.1 in diesem Buch).

Das Spiel entwickelt philosophische Vorstellungskraft und zeigt, dass Philosophieren auch durch nonverbale Ausdrucksformen realisiert werden kann.

Bildmeditation

Auch dieses Spiel kann zu verschiedenen philosophischen Themen gespielt werden. Die Kinder erhalten ein Bild und assoziieren dazu als Einstieg ihre Gedanken und Gefühle. Diese werden dann in kleinen Gruppen ausgewertet, z. B.: Welche Ideen hat das Bild in euch hervorgerufen?

Anschließend kann das Bild dann gemeinsam in der Klasse analysiert werden (siehe dazu auch Barbara Brüning: Philosophieren in der Sekundarschule. Weinheim: Beltz 2003, S. 129-146). Mit den Ideen der einzelnen Gruppen wird dann anhand von kleinen Texten und Geschichten philosophisch weitergearbeitet.

Das Spiel dient dazu, eigene philosophische Gedanken zu entwickeln, die dann im Unterricht weiter erarbeitet werden können.

Begriffe durch Bilder deuten

Mindestens drei wichtige Begriffe zu einem philosophischen Thema werden an die Tafel geschrieben, z. B. zum Thema „Glück“ die Begriffe *Harmonie, Wünsche* und *Freude*. Nun sucht sich jeder einen der Begriffe aus und stellt ihn auf einer Zeichnung dar.

Anschließend werden kleine Gruppen gebildet. Die Spielerinnen und Spieler erraten nun, welcher Begriff gezeichnet wurde. Wer die meisten Begriffe errät, hat gewonnen.

Das Spiel dient dazu, einen kreativen Umgang mit philosophischen Begriffen zu fördern.

8. Anhang

Literatur zum Weiterspielen

Barbara Brüning: Spielen. In: Dies.: Mit dem Kompass durch das Labyrinth der Welt. Bad Münder: Leibniz-Bücherwarte 1990, S. 115-130

Barbara Brüning: Philosophische Spiele für die Sekundarstufe I. Leipzig: Militzke Verlag 2007

Karl-Heinz-Vopel: Kommunikations- und Interaktionsspiele (verschiedene Hefte im ISKOPRESS-Verlag, Hamburg)

Jamie Walker: Gewaltfreier Umgang mit Konflikten in der Sekundarstufe I. Berlin: Cornelsen 1995

Marianne Wenzel: Philosophische Spiele für Groß und Klein. München: DeBono 1995

Bildnachweis

S. 15 1/2/3: Thomas Butsch, Leipzig 2008; S. 15: 4 Raw Milk Mama, 2007; S. 17: Wiesenschule, Soest 2008; S. 19: Thomas Butsch, Leipzig 2008; S. 22, 24, 28: Militzke Archiv; S. 29: wordpress 2008; S. 39: Thomas Butsch, Leipzig 2008; S. 43 1: © VS Krems Lerchenfeld; S: 43 2: friends across america; S. 49: Frank Granovski; S. 59: © Michael Sporn, New York 2007; S. 63 1 Thomas Butsch, Leipzig 2008; S. 64: Militzke Archiv; S. 67 1: © Georgia LMSC: S. 67 2: © Copyright Ice Cream Man 2007-2008; S. 69: Crissy Fellmeth, New York 2008; S. 71: Dante De Rycke; S. 82: Copyright © 2008 Pli Design Ltd.; S. 88: © 1994-2008 U.S. Scouting Service Project; S. 90: Thomas Butsch, Leipzig 2009; S. 95: Thomas Butsch, Leipzig 2008; S. 96, 101: Militzke Archiv
Trotz größter Sorgfalt ist es uns nicht in allen Fällen gelungen, zu den Abbildungen den Rechteinhaber zu ermittelnn. Berechtigte Ansprüche werden selbsverständlich über die üblichen Vereinbarungen abgegolten.

Autorin:
Prof. Dr. Barbara Brüning

Alle Texte, die für dieses Buch erstellt wurden, folgen der reformierten Rechtschreibung und Zeichensetzung (Stand: August 2006).

2. Auflage, 2016
Militzke Verlag GmbH, Leipzig 2008
Lektorat: Dr. Arnold K.D. Lorenzen
Umschlagfoto: © Frank Hanna, Winnenden/www.photocase.de
Druck: Esser printSolutions GmbH, Bretten
ISBN: 978-3-86189-452-0

www.militzke.de

Erscheinungsjahr: 2018